Equipes: gerenciando para o sucesso

Equipes: gerenciando para o sucesso©
Debra J. Housel, 2009

Direitos desta edição reservados ao
Serviço Nacional de Aprendizagem
Comercial – Administração Regional
do Rio de Janeiro.

Vedada, nos termos da lei, a
reprodução total ou parcial deste livro.

SISTEMA FECOMÉRCIO-RJ
SENAC RIO DE JANEIRO

Presidente do Conselho Regional
Orlando Diniz

Diretor-Geral do Senac Rio de Janeiro
Julio Pedro

Conselho Editorial
Julio Pedro, Eduardo Diniz, Vania
Carvalho, Marcelo Loureiro, Wilma
Freitas, Manuel Vieira e Elvira Cardoso

Editora Senac Rio de Janeiro
Rua Marquês de Abrantes, 99/2º andar
Flamengo – Rio de Janeiro
CEP: 22230-060 – RJ
comercial.editora@rj.senac.br
editora@rj.senac.br
www.rj.senac.br/editora

Publisher
Manuel Vieira

Editora
Elvira Cardoso

Produção editorial
Karine Fajardo (coordenadora)
Camila Simas, Cláudia Amorim e
Roberta Santiago (assistentes)

Impressão: Yangraf Gráfica
e Editora Ltda.

1ª edição: dezembro de 2012

Dados Internacionais de Catalogação na Publicação (CIP)
(Câmara Brasileira do Livro, SP, Brasil)

```
Housel, Debra J.
   Equipes : gerenciando para o sucesso/Debra J. Housel;
tradução Marília de Moura Zanella. -- São Paulo: Cengage
Learning: Editora Senac Rio de Janeiro, 2012. -- (Série
Profissional)

   Título original: Teams dynamics.
   Bibliografia.
   ISBN 978-85-221-1434-4 (Cengage Learning)

1. Equipes em local de trabalho 2. Etiqueta em negócios
I. Título. II. Série.

12-12730                                         CDD-658.402
```

Índice para catálogo sistemático:

1. Trabalho em equipes: Organizações: Administração de
   empresas 658.402

Equipes: gerenciando para o sucesso

Debra J. Housel

Tradução
Marilia de Moura Zanella

Equipes: gerenciando para o sucesso©
Debra J. Housel, 2009

Gerente Editorial: Patricia La Rosa

Supervisora Editorial: Noelma Brocanelli

Editora de Desenvolvimento: Danielle Mendes Sales

Supervisora de Produção Editorial: Fabiana Alencar Albuquerque

Produtora Editorial: Fernanda Batista dos Santos

Pesquisa Iconográfica: Cláudia Sampaio e Heloisa Avilez

Título Original: Team Dynamics
(ISBN: 0-538-72485-4)

Tradução: Marilia de Moura Zanella

Copidesque: Ariadne Escobar

Revisão: Fabio Sergio Henriques Giorgio e Shirley Figueiredo Ayres

Diagramação: Cia. Editorial

Capa: Eduardo Bertolini

Foto de Capa: © 2008 iStock International Inc.

© 2002 Delmar. South-Western Educational Publishing da Delmar, uma divisão da Cengage Learning.
© 2009 Cengage Learning Edições Ltda.

Todos os direitos reservados. Nenhuma parte deste livro poderá ser reproduzida, sejam quais forem os meios empregados, sem a permissão, por escrito, das editoras. Aos infratores aplicam-se as sanções previstas nos artigos 102, 104, 106 e 107 da Lei nº 9.610, de 19 de fevereiro de 1998.

Estas editoras empenharam-se em contatar os responsáveis pelos direitos autorais de todas as imagens e de outros materiais utilizados neste livro.
Se porventura for constatada a omissão involuntária na identificação de algum deles, dispomo-nos a efetuar, futuramente, os possíveis acertos.

© 2009 de Cengage Learning. Todos os direitos reservados.

ISBN-13: 978-85-221-1434-4

Cengage Learning
Condomínio E-Business Park
Rua Werner Siemens, 111 – Prédio 20
Espaço 4
Lapa de Baixo – 05069-900
São Paulo – SP
Tel.: (11) 3665-9900 – Fax: (11) 3665-9901
SAC: 0800 11 19 39

Para suas soluções de curso e aprendizado, visite
www.cengage.com.br

Impresso no Brasil.
Printed in Brazil.
1 2 3 4 5 6 7   12 11 10 09 08

Sumário

Prefácio IX
Características da obra X

Sobre a autora XI

Pré-avaliação XIII

1 O trabalho em equipe 1
Definição de equipe 2
Razões para que as empresas utilizem equipes 3
Vantagens de uma equipe 4
Desafios atualmente enfrentados por empresas 5
Trabalho em equipe com alto desempenho 8
Equipes em ação 9
Recapitulação dos conceitos-chave 11

2 Elementos essenciais de uma equipe 13
Características de uma equipe vencedora 14
Identificação das finalidades da equipe 17
Estabelecimento dos objetivos da equipe 18
Planejar como atingir os objetivos 20
Definir um código de conduta 22
Utilizar habilidades e talentos de cada
  integrante da equipe 22
Determinação de papéis para cada integrante da equipe 23
Escolha do tamanho correto da equipe 24
Selecionar a tarefa adequada para uma equipe 24
Recapitulação dos conceitos-chave 25

3 Desenvolvimento da equipe 27
Trabalho em equipe *versus* trabalho tradicional 28
Respostas a pesquisas sobre o trabalho em equipe 30
Treinamento para equipes 31
Treinamento interfuncional 34
Papéis típicos da equipe 34
Fases do desenvolvimento de uma equipe 36
Estratégias para formação de equipe 41
Se uma equipe fracassa... 42
Recapitulação dos conceitos-chave 43

4 Como ser um bom participante de equipe 45
Trate os demais profissionalmente 46
Características de um bom participante de equipe 49
Ofereça feedback de modo positivo 53
Receba feedback de maneira positiva 55
Maus participantes prejudicam a equipe 56
Bons participantes sobrevivem 57
Recapitulação dos conceitos-chave 58

5 Obstáculos ao sucesso do trabalho em equipe 61
Trabalho em equipe não vem naturalmente 62
Principais fatores organizacionais que inibem
    o trabalho em equipe 64
Desencantamento dos funcionários 66
O trabalho com pessoas difíceis na equipe 67
Estratégias de competição 68
Tipos de pessoas difíceis 70
Recapitulação de conceitos-chave 75

6 Hábitos de equipes eficazes 77
Características de equipes eficazes 79
Tendência à conformidade 81
Resolução de conflitos para benefícios mútuos 83
Comunicação eficaz das equipes 85
Avaliação do progresso da equipe 87
Recapitulação dos conceitos-chave 87

7 Reuniões eficazes de equipe 89
Papéis essenciais em reuniões eficazes 90
Procedimentos para resolução de problemas 92
Discordando durante os debates 96
Tomada de decisão pelas equipes eficazes 97
Orientação para chegar a consenso 99
A equipe não toma todas as decisões 100
Depois da reunião 101
Recapitulação dos conceitos-chave 101

8 Liderança de equipe 103
Equipes autogerenciadas 104
O papel de um líder de equipe 106
Características de um líder habilidoso 107
Comportamento do líder de equipe em reunião 110
Como evitar ciúmes e competição entre os integrantes de equipe 111
Como motivar a equipe 112
Premiação por um trabalho bem-feito 113
Recapitulação dos conceitos-chave 119

Estudos de casos 121
Estudo de caso 1 – Reunião de uma equipe executiva 121
Estudo de caso 2 – Frustrações da equipe 122
Estudo de caso 3 – Uma regra de ouro que não funciona muito bem 123
Estudo de caso 4 – Planejamento de férias dos integrantes da equipe 125

Pós-avaliação 127

Prefácio

Nas duas últimas décadas, o número e a importância das equipes têm aumentado significativamente em quase todos os setores profissionais. Elas permitem que se tenha flexibilidade, respostas rápidas, customização e alta qualidade que vão muito além da capacidade de indivíduos trabalhando numa estrutura tradicional. Quando uma tarefa requer uma grande variedade de habilidades, opiniões e experiências, equipes vêm constantemente conseguindo desempenho muito melhor do que aquele alcançado por indivíduos. Diariamente cresce o número de organizações que descobrem não conseguir dominar os desafios que têm para enfrentar sem se valerem de equipes.

Trabalhar em equipe, seja como um de seus integrantes, seja como líder, e compreender sua dinâmica constituirá uma parte essencial da maioria dos deveres das pessoas neste novo milênio. Independentemente da carreira que pretende seguir, você fará, sem dúvida, parte de uma equipe em algum momento de sua vida profissional. À medida que aumenta o número de empresas que passam a utilizar modelos que oferecem maior autonomia aos funcionários, o trabalho em equipe está rapidamente substituindo o das hierarquias tradicionais em organizações. Consequentemente, *Equipes: gerenciando para o sucesso* é leitura essencial para qualquer um que esteja envolvido numa equipe, como novato ou gerente experiente.

Características da obra

Equipes: gerenciando para o sucesso contém conselhos pragmáticos e exemplos para ajudá-lo a integrar habilidades do trabalho em equipe ao seu repertório. Este livro é organizado em oito capítulos essenciais que cobrem o trabalho em equipe, seus elementos principais, como ser um bom integrante, como participar de reuniões que trazem bons resultados, desenvolvimento da equipe e muito mais. Quatro estudos de caso o instigarão a pensar de forma crítica a respeito das dificuldades que as equipes enfrentam. Além disso, exercícios de pré e pós-avaliação o ajudarão a apreciar seu crescimento em termos de conhecimentos e habilidades relacionados ao trabalho em equipe.

Sobre a autora

Ao longo de sua carreira, Debra J. Housel deu aulas de administração e computação no ensino médio, em cursos para alfabetização de adultos, e em *community colleges*.[1] Além deste livro, já publicou diversos outros pela Teacher Created Materials, Incorporated e *Keyboarding quick reference guide,* pela South-Western Educational Publishing.

Debra obteve o mestrado em Educação no Nazareth College, em Rochester, Nova York. Atualmente, trabalha como escritora autônoma, publicando textos sobre educação. Mora no norte do Estado de Nova York com o marido e três filhos.

---

[1] *Community colleges* são escolas técnicas e comunitárias de ensino superior. Os cursos oferecidos têm a duração de dois anos e, ao final, obtém-se um *associate's degree*. Não existe instituição semelhante no Brasil. (N. do T.)

Pré-avaliação

Instruções: Se a afirmativa for verdadeira, circule o V à direita do número. Se for falsa, circule o F e explique por que a sentença é falsa. Se não tiver certeza sobre a frase, defenda também seu ponto de vista. A primeira já está feita:

1. V (F) Um grupo de pessoas trabalhando juntas forma uma equipe.
   Uma equipe é um grupo de pessoas com a mesma tarefa e que trabalham conjuntamente em direção aos mesmos objetivos.

2. V F Em equipes eficazes, cada integrante traz sua contribuição em todas as reuniões.

3. V F Antes de fazer uma crítica negativa, o ideal é comentar previamente sobre algo positivo que a pessoa tenha feito.

4. V F Para que haja respeito, o líder deve manter distância dos integrantes da equipe.

5. V F A equipe deve se responsabilizar por suas próprias decisões, ações e resultados, sendo estes positivos ou negativos.

6. V F O líder deve estabelecer os objetivos para a equipe e explicar como eles serão atingidos.

7. V F Para que trabalhem eficientemente em conjunto, todos os integrantes da equipe precisam, obrigatoriamente, ter interesses, personalidades e habilidades semelhantes.

8. V F Em equipes bem-sucedidas, cada integrante do grupo tem um papel claramente estabelecido.

9. V F Em equipes de alto desempenho, raramente ocorrem períodos de conflito.

10. V F Em um grupo bem-sucedido, os colegas dão feedback construtivo uns aos outros.

11. V F Quanto maior o grupo, maior a possibilidade de coesão.

12. V F Equipes eficazes têm procedimentos adequados para resolver problemas e tomar decisões.

13. V F As equipes geralmente evoluem por meio de uma série de três fases.

14. V F Em equipes eficazes, os integrantes tendem a concordar uns com os outros e raramente discordam entre si.

15. V F As equipes devem se empenhar para atingir a condição conhecida como tendência à conformidade.

16. V F Os integrantes da equipe devem ser premiados por suas realizações individuais.

17. V F Os integrantes da equipe devem ser premiados pelas realizações do grupo.

18. V F Pode-se distinguir uma equipe de um grupo de pessoas que compartilham o mesmo local de trabalho pelo alto grau de comunicação aberta e a atitude geral do "nós" de seus integrantes.

19. V F Muitos estudos provam que o estabelecimento de objetivos é desnecessário para aprimorar a motivação e o desempenho da equipe

20. V F A formação de uma equipe ocorre por meio de uma série estruturada de atividades especificamente planejadas para melhorar seu desempenho.

21. V F Treinamento interfuncional oferece às pessoas a oportunidade de aprendizagem direta das funções e responsabilidades de seus colegas de equipe.

22. V F A regra de ouro resume o código de conduta necessário para a equipe.

23. V F Ao dar feedback negativo a um integrante da equipe, faça-o em particular.

24. V F Consenso significa que os integrantes da equipe concordam unanimemente com a decisão.

25. V F Com o objetivo de melhorar a motivação e o desempenho, as organizações deveriam desenvolver programas em que os funcionários concorram a prêmios por reconhecimento.

26. V F Em vez de tomar as decisões, o líder deve facilitar esse processo.

1
O trabalho em equipe

Objetivos

- Por que as pessoas trabalham em equipe.
- Por que organizações adotaram equipes.
- Vantagens do trabalho em equipe.
- Algumas empresas americanas que adotaram o uso de equipes.

"Talento ganha jogos, mas o trabalho em equipe ganha campeonatos."
Michael Jordan

Trabalho em equipe certamente não é um conceito novo; na verdade, um grupo pequeno de pessoas trabalhando juntas para benefício mútuo é o tipo de organização social mais antigo que existe, datando da era das cavernas, quando formavam grupos para aumentar suas possibilidades de sobrevivência. Realmente, a capacidade de trabalhar em grupos não contribuiu somente para a sobrevivência da raça humana, também permitiu o desenvolvimento da civilização. Assim, desde os primórdios da História, os homens têm formado equipes para gerar novas ideias e para conseguir realizar coisas novas.

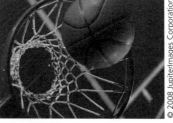

Sempre que se lê sobre descobertas científicas, um remédio novo milagroso ou uma escola em que o aproveitamento dos alunos melhorou substancialmente, apesar de todas as adversidades, uma excelente equipe de alto desempenho foi a responsável por isso.[1] Por quê? Porque, no século XXI, a quantidade de conhecimento que se deve adquirir e a quantidade de tarefas que se deve cumprir são demais para uma só pessoa assumir tudo e ser bem-sucedida. Assim, aqueles que aprendem a trabalhar produtivamente como integrante de uma equipe estarão à frente no futuro.

Definição de equipe

Uma equipe é um grupo de pessoas trabalhando colaborativamente para atingir um mesmo objetivo. Colaboração indica um esforço em conjunto, especialmente das capacidades intelectuais. Uma equipe funciona de maneira adequada quando todos os seus integrantes cooperam entre si, confiam uns nos outros e planejam em conjunto para que seus objetivos se tornem realidade. Em qualquer situação, duas ou mais pessoas trabalhando juntas podem aprimorar suas sugestões e chegar a soluções viáveis usando cada ideia exposta como um trampolim para o estabelecimento de novos padrões. Trabalho em equipe é o esforço conjunto dos integrantes de um grupo para atingir um objetivo comum.

---

[1] Susan A. Wheelan. *Creating effective teams: a guide for members and leaders*. Thousand Oaks: Sage Publications, 1999, p. 132.

O futebol oferece um exemplo ideal de trabalho em equipe, pois os jogadores trabalham em conjunto para conseguir marcar um gol. Os integrantes da equipe precisam confiar nas habilidades dos colegas, passar a bola para um companheiro quando necessário e se reunir antes de cada jogo para planejar uma estratégia. Do mesmo modo, uma equipe de negócios é formada por pessoas que trabalham juntas para produzir um produto ou serviço de alta qualidade por um preço competitivo. Os integrantes dessa equipe confiam nos talentos, experiências e conhecimentos individuais; ouvem as ideias de cada um e participam das reuniões de produção quando as decisões são tomadas e aceitas por todos. Outro exemplo de trabalho em equipe ocorre no governo, em que quase todas as tarefas são conduzidas por parlamentares em pequenas comissões.

"Nenhum de nós, individualmente, é mais esperto do que todos nós, juntos."

Ken Blanchard

Razões para que as empresas utilizem equipes

Ao longo das duas últimas décadas, indústrias americanas descobriram a verdade por trás do ditado "Duas cabeças pensam melhor do que uma". As pessoas têm talentos, forças, experiências e capacidades que lhes são próprios. Cada indivíduo também tem opiniões, preocupações e instintos próprios. Quando as pessoas formam equipes, elas começam a compartilhar tudo isso. Todos os integrantes do grupo desenvolvem seus conhecimentos por estarem aprendendo uns com os outros. Compartilhar ideias talvez seja a razão mais valiosa para a formação de equipes. Em um grupo, ninguém esconde informações ou ideias essenciais para tentar obter vantagens sobre seus colegas de trabalho. Ao contrário, as melhores ideias e as melhores experiências são apresentadas ao grupo todo.

Além disso, as capacidades intelectuais combinadas dos membros de um grupo, mesmo que pequeno, excedem a de qualquer indivíduo. Ao utilizar seu poder, a equipe pode executar melhorias simples, mas úteis, para atingir resultados incríveis. Em determinada empresa, pediu-se a uma equipe de engenheiros que duplicasse a eficiência do maquinário; inicialmente, a tarefa foi considerada impossível, mas ao unir seus esforços a equipe conseguiu projetar um sistema que triplicou o desempenho das máquinas.[2]

Vantagens de uma equipe

Pesquisas têm mostrado quatro vantagens principais que o conceito de equipe traz a qualquer organização:

- Métodos de trabalho com custos mais eficazes
- Aumento do moral dos funcionários
- Melhor aproveitamento do tempo e dos talentos dos trabalhadores
- Melhoria na tomada de decisões

Como consequência dessas vantagens, mais de dois terços das 500 empresas listadas na revista *Fortune* utilizam equipes.[3]

---

[2] Robert Heller. *Essential managers: managing teams*. Nova York: DK Publishing, 1998, p. 6.

[3] Eric Skopec e Dayle Smith. *The practical executive and team building*. Lincolnwood: NTC Publishing, 1997, p. 5.

Empresas verificaram que, ao organizarem as pessoas em equipes, os gerentes conseguem facilmente identificar e utilizar as energias de cada integrante do grupo e obter melhores benefícios. Isso resulta numa capacidade maior de trabalho, pois os membros da equipe utilizam seu potencial máximo de eficiência fazendo aquilo que realmente sabem fazer. Jody, por exemplo, não tem mais que gastar seu tempo escrevendo, editando e revisando a documentação que acompanha o processamento de dados; ela sabe que Tom pode se encarregar dessa parte do projeto, pois ele é excelente para escrever a documentação de forma convincente. Agora Jody pode usar melhor seu tempo dedicando-se ao que realmente sabe fazer: eliminar os bugs existentes na codificação do software.

> "Se os Estados Unidos visam competir eficazmente... isso exigirá que mudemos nossas atitudes para derrubar o mito do herói empresarial e louvar nossas equipes criativas."
>
> Robert B. Reich

Desafios atualmente enfrentados por empresas

A natureza complexa do trabalho no século XXI praticamente exige que os empregados trabalhem em grupo. Equipes são a melhor maneira de reagir aos cinco maiores desafios enfrentados pelas empresas atualmente em todo o mundo: mudanças tecnológicas rápidas e

O trabalho em equipe 5

abrangentes; globalização industrial; competitividade intensa; mudanças nas expectativas dos clientes; e diversidade de mão de obra. A implementação de equipes tem sido o elemento comum entre as empresas que enfrentaram esses desafios com sucesso.

- **MUDANÇAS TECNOLÓGICAS RÁPIDAS E ABRANGENTES:** Computadores e o World Wide Web têm pressionado os negócios como jamais visto antes. Frequentemente, mal as empresas compram um software novo e treinam todos os funcionários no seu uso, este já se tornou obsoleto. Atualmente, a internet tem revolucionado as vendas e as indústrias de entretenimento com o crescimento do *e-commerce*, gerando impactos significativos sobre qualquer assunto relacionado a comércio.
- **GLOBALIZAÇÃO INDUSTRIAL:** Melhorias na tecnologia de informação [TI], nos transportes e nas barreiras ao comércio internacional levaram a corporações globais. Hoje, muitos produtos são planejados em um país, montados em outro, com peças produzidas ainda em outras nações.
- **COMPETITIVIDADE INTENSA:** Globalização e mudanças tecnológicas têm causado um aumento na competitividade. Uma empresa recém-chegada e agressiva pode entrar em um mercado e rapidamente obscurecer as vantagens de uma corporação grande e bem estabelecida que acreditava haver açambarcado aquele mercado.
- **MUDANÇAS NAS EXPECTATIVAS DOS CLIENTES:** Avanços tecnológicos praticamente asseguram preços em queda aos consumidores. Por exemplo, videocassetes que custavam US$ 300 podem agora ser comprados por US$ 50 e ainda com mais recursos. Consequentemente, clientes começam a esperar mais sofisticação por preços mais baixos.

- **DIVERSIDADE DE MÃO DE OBRA:** Mulheres e grupos minoritários formam um segmento de mão de obra em crescimento nos Estados Unidos. Hoje, 20% das pessoas radicadas em centros metropolitanos americanos nasceram em outros países, e tendências atuais apontam para o crescimento no número de trabalhadores estrangeiros no continente americano.[4]

> "Você precisa de um grupo – uma equipe – para conseguir instigar mudanças. Uma pessoa, mesmo um líder incrivelmente carismático, jamais será forte o suficiente [para produzir grandes mudanças numa organização]."
>
> John Kotter

Deere & Company é um exemplo excelente de como uma empresa passou por ampla reforma utilizando equipes para abordar problemas similares. Após 161 anos criando equipamentos para a agricultura, Deere & Company teve que se reinventar para sobreviver no início da década de 1990. Hoje, quando um cliente visita uma revenda local da Deere, um vendedor lhe faz perguntas para que descreva seu problema específico. Usando essa informação, o vendedor envia um pedido eletrônico para a fábrica da Deere. Em menos de 24 horas, uma equipe que opera uma oficina de customização dentro da fábrica cria um equipamento agrícola totalmente diferenciado. Os produtos personalizados da Deere oferecem mais de 6 milhões de configurações possíveis. Essa customização somente é possível graças ao trabalho em equipe.

---

[4] Ibidem.

Em virtude, em parte, do sucesso admirável da Deere & Company e de outras empresas industriais e comerciais, muitas veem atualmente o trabalho em equipe como uma necessidade. Uma pesquisa feita com 230 executivos, conduzida pela Sociedade Americana para o Treinamento e Desenvolvimento (ASTD), verificou que o trabalho em equipe levou a um aumento substancial na produtividade, na qualidade, na satisfação dos funcionários, no relacionamento com o cliente e à redução das despesas e do desperdício.[5] Uma outra pesquisa realizada com 232 organizações mostrou que, das 39 práticas com alto desempenho que os pesquisadores avaliaram, trabalho autogerenciado em equipe e formação de equipes foram os mais citados como geradores de lucro nas empresas.[6] Isso porque o trabalho ativo de equipe pode realmente compensar. Ao longo dos últimos anos, integrantes da equipe da Norwest Corporation, uma instituição financeira, identificaram elementos-chave como rendimento, serviços e medidas de custo-eficiência como tendo dado ensejo para mais de meio bilhão de dólares de lucro bruto.

Trabalho em equipe com alto desempenho

O trabalho em equipe torna fáceis até as mais árduas tarefas. Ao dividirem um projeto incrivelmente longo em partes menores, mais manejáveis, as pessoas imediatamente passam a ver seus objetivos como mais atingíveis. Além disso, quando sabem que

---

[5] Heller, op. cit., p. 9.
[6] Valerie Frazee. "Team skills improve global businesses". *Workforce*, v. 3, n. 3, 1998, p. 6.

unirão suas forças para ajudar a atingir um objetivo, os membros da equipe sentem-se mais entusiasmados. Assim sendo, organizar e fazer parte de uma equipe com alto desempenho oferece uma condição vitoriosa para ambas as partes: a organização e seus empregados.

O melhor trabalho em equipe ocorre quando um grupo enfrenta um desafio urgente e importante. Nos exemplos que se seguem, é possível ver como um trabalho em equipe, centrado em atingir um objetivo crucial, apresentou resultados muito melhores que aqueles de pessoas que trabalham independentemente jamais poderiam esperar alcançar.

"EQUIPE significa: Juntos, cada um conseguirá mais."

Anônimo

Equipes em ação

O trabalho em equipe aparece quando indivíduos se unem num grupo coeso e funcionam como uma unidade para atingir um objetivo comum. Cidadãos americanos trabalharam em equipe na Segunda Guerra Mundial, num esforço unificado para vencê-la. Cada pessoa fez sua parte para ajudar os Estados Unidos a triunfarem. Além dos exemplos óbvios de homens que lutaram na guerra, mulheres trabalharam em fábricas para que tanques, munições, armamentos e aviões conti-

nuassem saindo da linha de produção. As pessoas compraram bônus de guerra para financiar os gastos do conflito, e quase todos mantiveram uma "horta da vitória" para suplementar as rações de alimento. A maioria dos americanos sofreu com o racionamento de gasolina, a falta de borracha e tecidos de nylon sem reclamar, pois sentia que o objetivo comum ultrapassava as necessidades individuais. O trabalho em equipe não só recompensou, mas também contribuiu para que os Estados Unidos se tornassem uma superpotência mundial.

Outro exemplo dramático de trabalho em equipe aconteceu em abril de 1970, durante a conjuntura perigosa com a nave espacial Apollo 13. Após somente 56 horas de voo em direção à Lua, deu-se uma explosão no módulo de serviço da nave, que deixou a tripulação de três pessoas numa situação mortal. A explosão os deixou sem oxigênio e energia suficientes para retornarem à Terra. Uma equipe de engenheiros do Controle da Missão da NASA, em Houston, reproduziu a mesma situação que a tripulação tinha a bordo e tinha prazo de duas horas para planejar um sistema de sobrevivência que mantivesse o oxigênio reciclando e utilizasse o mínimo de energia possível. Ao usarem as ideias e experiências de cada um, a equipe conseguiu criar um artifício e explicar para os astronautas como implementá-lo dentro do limite de tempo que tinham, conseguindo assim salvar as vidas da tripulação da Apollo 13.

Nos anos 1980, o processo de desenvolvimento de um modelo de carro, batizado de "equipes de plataforma", tirou a Chrysler Corporation da beira da falência.[7] Cada equipe de

---

[7] Skopec e Smith, op. cit., p. 9.

plataforma tinha um elemento dos departamentos de engenharia, planejamento, finanças, compras e marketing. Essas equipes, com amplo poder de tomada de decisão, assumiram a responsabilidade total pelo sucesso ou fracasso do projeto de um automóvel, do começo ao fim, fazendo tudo, desde a coordenação do projeto com a montagem, até a consulta às revendas. Em pouco tempo, a Ford e a General Motors estabeleceram suas próprias equipes de projetos.

A Saturn Corporation é um exemplo atual do sucesso de uma equipe de trabalho. A empresa foi organizada, todos os níveis, em grupos que compartilharam as tomadas de decisão em relação a tudo, desde os gastos até o preço final do automóvel, desde o pessoal da linha de montagem até os executivos. Como resultado disso, uma pesquisa da J. D. Power relata que a Saturn consistentemente alcança os níveis mais elevados possíveis de satisfação dos clientes.[8]

"Um passo dado por cem pessoas é melhor do que cem passos dados por somente uma."

Koichi Tsukamoto

Recapitulação dos conceitos-chave

- Desde o início da História da humanidade, grupos pequenos de pessoas têm funcionado como equipes visando atingir objetivos comuns.

---

[8] Andrew DuBrin. *The complete idiot's guide to leadership*. Nova York: Simon-Schuster Macmillan, 1998, p. 150.

- Empresas americanas frequentemente mantêm o pessoal em equipes para melhorar o comprometimento dos funcionários em relação aos projetos corporativos, aperfeiçoar a solução inovadora de problemas, gerar um espírito de camaradagem e promover uma atitude positiva em relação ao que se pretende atingir.
- Indústrias têm adotado modelos de equipe para satisfazer os cinco maiores desafios contemporâneos enfrentados por todas as empresas: competição intensa, globalização industrial, mudanças tecnológicas rápidas e abrangentes, mudanças nas expectativas dos clientes e diversidade de mão de obra.
- O trabalho em equipe torna fácil uma grande tarefa e permite que cada um de seus integrantes use seus pontos fortes da melhor maneira possível.
- Quando os membros de uma equipe compartilham seus talentos, habilidades, experiência e conhecimento, todos crescem.
- Algumas das maiores indústrias dos Estados Unidos, incluindo a Chrysler Corporation e a Deere & Company, foram salvas ao implementarem um modelo de trabalho em equipe.

2
Elementos essenciais de uma equipe

OBJETIVOS

- Características de uma equipe vencedora.
- Como identificar as finalidades e objetivos de uma equipe.
- Planejamento para atingir os objetivos da equipe.
- Código de conduta.
- Experiências que os integrantes trazem para a equipe.
- Tamanho adequado e tarefas de uma equipe.

> "Uma organização capacitada é aquela em que os integrantes têm conhecimento, habilidade, desejo e oportunidade para, pessoalmente, se sair bem, a fim de levar toda a organização ao sucesso."
>
> Stephen Covey

Uma equipe de alto desempenho é semelhante a uma orquestra sinfônica que tem dezenas de indivíduos tocando instrumentos diferentes em harmonia perfeita. A plateia poderá apreciar os frutos da cooperação de seus músicos, mas o desempenho maravilhoso de uma orquestra jamais ocorre por si só; foram inúmeros detalhes e muitas horas de treinamento por trás da cortina. Antes do concerto, a orquestra deve decidir quais músicas tocará e em que

ordem; determina e emprega os talentos de cada integrante; conduz práticas estabelecidas por regras; e escolhe os músicos, instrumentos e maestro necessários. Somente com todos esses elementos reunidos é que um grupo de músicos se transforma numa orquestra merecedora de prêmios.

Do mesmo modo, uma equipe de alto desempenho precisa determinar sua missão e seus objetivos, traçar um plano de ação, utilizar por completo as habilidades de seus integrantes, conduzir reuniões e trabalhar de acordo com o código de conduta, possuir os recursos humanos e materiais adequados, e ter um líder de equipe. Somente depois de reunir esses elementos é que colegas de trabalho podem formar uma equipe vencedora.

Características de uma equipe vencedora

Uma equipe bem-sucedida tem integrantes engajados e competentes que usam a comunicação aberta numa atmosfera em que problemas são solucionados por consenso. Essas equipes vencedoras consistentemente apresentam características em comum.

- **CONHECIMENTO COMPARTILHADO:** Integrantes da equipe estão sempre se comunicando. Discutem problemas e, quando estes surgem, os resolvem juntos. Equipes frequentemente reúnem pessoas com históricos diversos e uma variedade de especialidades, resultando numa base de conhecimento que nenhum integrante poderia possuir sozinho.

    Equipes interdepartamentais vão um passo além do conhecimento compartilhado ao unir pessoas fora de um departamento específico e aliando-as à visão geral da organização. Conhecimento compartilhado produziu resultados significativos para a United Technologies Corporation quando esta encontrou um meio de economizar custos com transporte formando equipes com pessoal de seções diferentes do escritório. Quando as equipes se reuniram, descobriu-se que seus problemas "singulares", na realidade, afetavam todas as seções. Munidos com essa informação, eles planejaram uma solução conjunta.

- **ATITUDE INCLUSIVA:** Pessoas que trabalham em equipe reconhecem as contribuições que fazem nas vidas umas das outras. Promovem a troca de ideias entre os integrantes. Como o sucesso da equipe equivale ao sucesso pessoal, a atmosfera não competitiva resultante diminui o sentimento de inveja, permitindo que as pessoas compartilhem ideias livremente, despreocupadas com a possibilidade de que um colega possa "roubar o crédito" da vitória.
- **LIDERANÇA COMPARTILHADA:** Uma equipe carrega a responsabilidade dos esforços coletivos; assim sendo, os integrantes de uma equipe bem-sucedida pensam nos benefícios desta e da organização mais do que em si mesmos. Embora uma equipe tenha um líder designado, os integrantes compartilham suas responsabilidades. Liderança compartilhada ajuda os integrantes a atingirem uma perspectiva mais ampla dos objetivos da empresa.

> "Diversidades entre os homens não têm o objetivo de separá-los, mas sim uni-los. Nenhuma pessoa, raça ou cultura tem todo o conhecimento, talento ou habilidade; as diversidades foram distribuídas de tal modo que uma pessoa necessita das outras. Culturas e raças diferentes complementam e enriquecem as demais."
>
> Santa Catarina de Siena

- **PARTICIPAÇÃO EQUILIBRADA EM UM GRUPO DIVERSIFICADO:** Os integrantes de uma equipe compartilham as informações recebidas e veem as diferenças de opinião como oportunidades para testar e refinar o trabalho. Sabem ouvir e criticar os assuntos tratados, sem atacar as pessoas. Essas equipes entendem que grupos com integrantes semelhantes podem não explorar completamente as abordagens alternativas ou se envolver em diferenças de opinião saudáveis; portanto, sendo diferenciados por tipos de personalidade, funções, cultura, idade ou por outros fatores, os integrantes da equipe valorizam essa diversidade.
- **TOMADA DE DECISÃO POR CONSENSO:** A equipe segue um procedimento para tomar uma decisão com a qual todos os integrantes possam se sentir bem ao apoiá-la.
- **APOIO DA GERÊNCIA E RECURSOS SUFICIENTES:** Depois de receber treinamento e recursos necessários para realizar um trabalho, equipes bem-sucedidas confiam que a gerência está em concordância com elas. Essa ideia desenvolve-se com o tempo, à medida que os líderes adquirem respeito da equipe e de seus integrantes, ao se comunicar abertamente, aceitando sugestões e estabelecendo um padrão de qualidade executável.
- **FLEXIBILIDADE:** Equipes bem-sucedidas têm integrantes que, de boa vontade, ouvem ideias inovadoras e tentam métodos novos. Eles são treinados nas tarefas de seus colegas de tal modo que possam assumir diferentes funções conforme se altera o fluxo de trabalho.
- **CRENÇA EM UM PADRÃO DE EXCELÊNCIA:** Tendo em vista que todo integrante sabe que sua contribuição afeta toda a equipe, cada um dá o melhor de si.

- **Distribuição clara de papéis de acordo com os talentos dos integrantes:** Os colegas de equipe precisam de uma divisão de papéis bem-definida. Equipes bem-sucedidas têm indivíduos que podem definir suas próprias funções e que conseguem trabalhar com as posições adotadas pelos outros integrantes da equipe.

> "Uma equipe funciona bem somente quando cada integrante se compromete 100% com ela no que diz respeito à sua missão."
> Mary Albright e Clay Carr

Identificação das finalidades da equipe

Para realizar grandes projetos, as equipes precisam mais do que características previamente determinadas: precisam de finalidades bem-definidas, ou seja, de uma missão. Algumas empresas definem isso como visão. Qualquer que seja o nome, o enunciado de uma missão expressa uma finalidade *empolgante,* na qual o grupo acredita e assume responsabilidade por atingi-lo. "Cumprir o prazo" não produzirá uma visão poderosa pela qual os integrantes da equipe queiram se esforçar. Segue um bom exemplo de declaração de missão de uma equipe de editoração de histórias de ficção:

Produzir publicações de alta qualidade, sem erros, de modo adequado e custo eficaz.

Quando surgem perguntas e dificuldades, examinar o enunciado da missão ajuda a equipe a enfrentar os problemas de maneira lógica e objetiva. Por exemplo, quando o prazo final se aproxima, um integrante da equipe editorial pode sugerir deixar algumas datas não confirmadas no texto para economizar tempo. Ao se referir ao enunciado da missão, a equipe responderá que criar uma publicação livre de erros é alta prioridade, o que resulta na necessidade de verificação dos prazos para assegurar a precisão.

As equipes geralmente desenvolvem o enunciado final formulando primeiramente duas ou três declarações para depois escolher a melhor. A maioria das declarações de missão é resumida – aproximadamente 25 palavras. A Pizza Domino's coloca os dizeres de sua visão em todos os seus anúncios: "Domino's é o especialista em pizza que constantemente faz pessoas felizes, com muitas opções de pizza, e pessoas amigáveis e gentis entregando prontamente seu pedido." A missão da Chrysler diz o seguinte: "A Chrysler fabrica automóveis e caminhões que as pessoas querem comprar, sentem prazer em dirigir e querem comprar de novo." A missão da CNN diz em 21 palavras: "Criar a primeira rede de informações verdadeiramente global, vista em todas as nações do mundo e transmitida na maioria das línguas."

"Os objetivos e responsabilidades do grupo podem geralmente... reforçar um padrão de cooperação que não é atingível através da persuasão ou exortação."

Eugene Raudsepp

Estabelecimento dos objetivos da equipe

Ao se esclarecerem os propósitos da equipe, é preciso desenvolver os objetivos baseados na missão. Uma equipe pode ter objetivos de longo prazo (anuais ou mensais), bem como objetivos específicos para projetos. Estes precisam ser *claros, vantajosos, com prazo determinado e comunicado a todos os integrantes da equipe*. Segue o exemplo de um objetivo de projeto da equipe editorial de histórias de ficção publicado numa minuta: Nossa equipe conseguirá uma prova diagramada, sem erros, do manuscrito *Lembre-se do meu amor* para ser enviado à gráfica até 25 de junho, ficando dentro do prazo limite.

Essa minuta descreve a ação desejada e, assim, o objetivo passa no teste da clareza. Isso é vantajoso, pois a editora precisa do livro para publicação a fim de vendê-lo e lucrar com isso. O elemento referente a prazo faz com que todos estejam conscientes de que têm uma meta a cumprir e, como o objetivo aparece na minuta enviada para os integrantes da equipe, todos tomam conhecimento da informação.

Os objetivos mantêm os integrantes da equipe focados em direção a uma única meta. Dezenas de estudos provam que o estabelecimento regular de objetivos melhora a motivação e o desempenho dos funcionários. Quando as pessoas estabelecem suas metas, canalizam seus esforços e trabalham o suficiente para atingi-las. Objetivos bem planejados devem ser *escritos*, *realistas*, *específicos* e *monitorados*.

- **DEVEM SER ESCRITOS:** Objetivos devem incluir números e datas específicas, e usar verbos de ação como *gerar, aumentar, diminuir, melhorar* e *produzir*.
- **DEVEM SER REALISTAS:** As pessoas motivam-se com objetivos que ampliam suas capacidades, mas se tornam frustradas se eles são inatingíveis; os objetivos precisam estabelecer desafios atingíveis.
- **DEVEM SER ESPECÍFICOS:** "Diminuir as despesas" é vago demais. Os objetivos precisam especificar a quantia exata das despesas que têm de ser reduzidas, até que data isso deve ocorrer e o que o grupo necessita fazer para que isso ocorra.

- **Devem ser monitorados:** As empresas que usam o fator crescimento em direção a objetivos na avaliação do desempenho de seus funcionários têm equipes que realmente se esforçam para atingir aqueles objetivos.

Ao formular um objetivo, lembre-se de incluir *o que* será realizado, *quem* estará envolvido, *quando* ocorrerá e *como* tudo acontecerá. Por exemplo, o objetivo, em longo prazo, para uma cadeia de videolocadoras pode ser escrito do seguinte modo:

A equipe da região aumentará a demanda para filmes em DVD em 12%, no período de 14 meses, por meio de uma campanha agressiva de propaganda que promova a conscientização do sistema DVD.

Entretanto, um objetivo bem formulado não garante uma equipe produtiva. Todos os pilotos no *grid* de largada das 500 Milhas de Indianápolis compartilham o mesmo objetivo; no entanto, eles não formam uma equipe. Um trabalho em equipe requer não somente o compartilhamento de um objetivo mas também determinação e colaboração de um grupo de pessoas.

Planejar como atingir os objetivos

Qualquer pessoa que já tenha feito uma promessa de ano-novo sabe que formular um objetivo é uma coisa, atingi-lo é outra! Mesmo objetivos bem formulados, os mais intencionados do mundo, não farão as coisas acontecerem. Equipes precisam decidir como realizarão a ação descrita em seus objetivos, estabelecendo um plano. Este deve incluir ações deliberadas e específicas que a equipe tomará. Um plano eficaz não só faz com que as coisas sejam feitas na sequência correta e dentro do prazo mas também produz outros benefícios. Pesquisas têm mostrado que objetivos claros e bons métodos de trabalho promovem muito mais a coesão da equipe do que quando seus integrantes fazem amizade, compartilham sentimentos pessoais e socializam fora das horas de trabalho.[1]

Uma parte essencial do planejamento de uma equipe refere-se a pontos de controle. Um ponto de controle é a resolução de interromper um projeto para avaliar criticamente o trabalho já realizado a fim de corrigir erros enquanto são montículos em vez de montanhas. Pontos de controle garantem cronogramas e projetos, e desenvolvem o sentimento de confiança entre os integrantes da equipe deixando claro exatamente o que deve ser realizado e até quando. Imagine que terça-feira pela manhã Anita, a líder da equipe, pede a Larry que pesquise um assunto e prepare uma apresentação de multimídia para ela fazer na quinta-feira às 11h. Eles concordam que quarta-feira, às 13h, seria um ponto de controle; na ocasião, Larry deve apresentar um rascunho da apresentação. Nessa reunião, Anita e Larry descobrem que ele precisa de esclarecimentos para se adequar ao tipo de apresentação que Anita tem em mente. Ainda resta tempo a Larry para revisar a apresentação. Sem o controle, tanto Anita quanto Larry ficariam desapontados na quinta-feira de manhã.

---

[1] Susan A. Wheelan, *Creating effective teams: a guide for members and leaders.* Thousand Oaks: Sage Publications, 1999, p. 63.

Definir um código de conduta

Quando se forma uma equipe, é preciso estabelecer um código de conduta por escrito para determinar regras administrativas e interpessoais. Esse código significa um contrato informal para ajudar a reduzir conflitos entre os integrantes do grupo. *Regras administrativas* determinam como o grupo funcionará:

- Nenhuma reunião durará mais do que 90 minutos, a não ser que a equipe unanimemente concorde em prolongá-la.
- As tarefas de mediador, controlador do tempo e relator serão revezadas entre os integrantes da equipe.

Regras interpessoais determinam como os integrantes da equipe devem se comportar ao interagir:

- Qualquer integrante da equipe poderá criticar ideias, mas não as pessoas que as propõem.
- Cada membro da equipe poderá discordar das ideias usando linguagem adequada.

Utilizar habilidades e talentos de cada integrante da equipe

Quando uma equipe se forma, as habilidades e talentos de cada integrante precisam ser identificados. Assim, quando cada tarefa for distribuída, ela deve ser designada ao integrante que melhor conseguir desempenhá-la. As habilidades dos companheiros de equipe tipicamente caem numa das quatro categorias:[2]

---

[2] Jon Katzenback e Douglas Smith. *The wisdom of teams*. Boston: Harvard Business School Press, 1993, p. 47-48.

1. **TÉCNICA:** Este integrante tem conhecimento profundo dos aspectos técnicos do projeto ou do equipamento utilizado pelos colegas de equipe.
2. **ORGANIZACIONAL:** Este integrante concentra-se nos detalhes e prazos, mantém a equipe e o projeto direcionados, e organiza ações específicas.
3. **SOLUÇÃO DE PROBLEMAS:** Este integrante frequentemente gera boas ideias e segue um processo lógico para selecionar alternativas que ajudem os colegas a planejar uma solução que funcione.
4. **INTERPESSOAL:** Integrante que se sobressai para resolver conflitos, manejar relacionamentos com outras equipes ou clientes e encorajar todos os participantes a contribuírem com sugestões.

Determinação de papéis para cada integrante da equipe

Equipes esportivas têm funções claramente determinadas, sendo que cada jogador conhece sua posição, suas expectativas, bem como a de todos os outros integrantes da equipe, que também sabem como todas as funções se encaixam. Do mesmo modo, todos da equipe precisam ter papéis claramente identificados. Cada um precisa aceitar o papel que lhe foi determinado, entendê-lo bem, possuir as capacidades e habilidades necessárias para executá-lo, e saber exatamente quando as suas responsabilidades começam e terminam.

"Tamanho funciona contra a excelência."

Bill Gates

Elementos essenciais de uma equipe

Escolha do tamanho correto da equipe

Pesquisas têm mostrado que o tamanho mais produtivo de uma equipe é o de cinco a sete pessoas.[3] Grupos maiores tendem a ser menos coesos, e os integrantes não acreditam que sua contribuição individual seja importante. Consequentemente, sempre que possível, uma equipe com dez ou mais pessoas deve ser dividida em equipes menores para estimular a coesão. Embora a tarefa da equipe geralmente dite o número de pessoas, é melhor começar com um número pequeno. Outros integrantes podem ser acrescentados caso haja necessidade.

Grupos com menos de cinco pessoas geralmente trabalham melhor. Líderes criteriosos às vezes pedem aos seus grupos que se dividam em pares para fazer um *brainstorming* de ideias por 10 ou 15 minutos. Quando o grupo é aberto como um todo novamente, cada dupla expõe suas melhores ideias para que a equipe as discuta e tome uma possível decisão.

Selecionar a tarefa adequada para uma equipe

A gerência precisa escolher a tarefa adequada para cada equipe. Uma equipe de solução de problemas geralmente trabalha com casos difíceis ou mesmo de fracassos e, portanto, sair-se bem é um desafio. Consequentemente, as equipes recém-formadas por uma organização não deveriam tentar abordar um problema preexistente.[4] Embora as equipes encarregadas de solucionar problemas sejam extremamente valiosas, as organizações

---
3 Andrew DuBrin. *The complete idiot's guide to leadership*. Nova York: Simon-Schuster Macmillan, 1998, p. 152.
4 Jeanne Plas. *Person-centered leadership: an american approach to participatory management*. Thousand Oaks: Sage Publications, 1996, p. 228.

exigem possibilidades de sucesso caso formem uma nova equipe encarregada de uma missão determinada, como criar um novo modelo para coletar informações. Equipes que tiveram tempo para trabalhar juntas, no sentido de

desenvolver coesão, estão mais capacitadas a lidar de forma competente com assuntos problemáticos.

Recapitulação dos conceitos-chave

- Entre as características de uma equipe vencedora estão: liderança e conhecimento participativos; atitude inclusiva; envolvimento equilibrado de um grupo pequeno e diversificado; tomada de decisão por consenso; apoio da direção em relação a recursos; flexibilidade; crença num padrão de excelência; e papéis claramente delineados com base nos pontos fortes de cada integrante da equipe.
- Cada equipe precisa ter uma declaração por escrito de sua missão, de preferência com 25 palavras ou menos, e que defina com clareza sua finalidade.
- Cada equipe precisa estabelecer objetivos desafiadores, mas atingíveis, com base em sua missão. Para realizar seus objetivos, a equipe precisa desenvolver um planejamento com pontos de controle.
- Uma equipe deve ter um código de conduta que defina regras interpessoais, bem como administrativas, que deverão ser seguidas pelo grupo.
- Entre as habilidades geralmente observadas nos integrantes da equipe estão: técnica organizacional, interpessoal e de solução de problemas. Os integrantes da equipe devem adotar as funções que melhor utilizem seus pontos fortes específicos.
- Em tese, uma equipe deveria ter entre cinco e sete pessoas.
- Quando uma equipe é formada, deve receber uma tarefa para criar algo novo ou levantar dados em vez de solucionar um problema importante.

3
Desenvolvimento da equipe

Objetivos

- Diferenças entre ambientes tradicionais e de trabalho em equipe.
- Finalidade e natureza das atividades da equipe em desenvolvimento.
- As quatro fases do desenvolvimento da equipe.
- Treinamento adequado para as equipes.
- Os papéis típicos que as pessoas adotam numa equipe.
- Aprendendo com o fracasso.

> "Uma equipe é mais do que um grupo de pessoas; é um processo de dar e receber."
>
> Barbara Clacel e Emile Robert Jr.

Trabalho de equipe é como um campeonato de futebol. O time vence o primeiro jogo quando se estabelecem a visão e os objetivos e é feito um planejamento. Chega às quartas de final quando seus integrantes, plenamente preparados, concentram seus esforços para atingir a meta. Chega às semifinais ao resolver seus conflitos e desenvolver uma comunicação aberta. Vence, por fim, o campeonato, recompensando, dessa forma, tanto o time quanto os integrantes.

Acreditar que um bom trabalho de equipe pode ocorrer de um dia para o outro é o mesmo que pensar que um recém-nascido atingirá a idade adulta em três meses. Como qualquer ser humano, uma equipe precisa de tempo para crescer e se desenvolver. A evolução pela qual cada equipe precisa passar é consistente e bem documentada.

Um verdadeiro trabalho em equipe ocorre quando:

- O resultado do projeto é igualmente importante para cada membro da equipe.
- Cada pessoa entende o seu próprio papel e os papéis de todos os outros integrantes da equipe.
- Cada membro da equipe aceita os outros como parte essencial, que tem uma contribuição valiosa a ser feita para o projeto.
- Comunicação aberta e franca gera honestidade e confiança.

Trabalho em equipe *versus* trabalho tradicional

O trabalho em equipe difere do trabalho tradicional de muitas maneiras.[1]

---

[1] Eric Skopec e Dayle Smith. *The practical executive and team building.* Lincolnwood: NTC Publishing, 1997, p. 5.

Ambiente de trabalho tradicional	Ambiente de trabalho em equipe
Uma hierarquia de supervisores, gerentes e executivos comandam a organização.	Liderança e poder são compartilhados; o líder da equipe funciona como mediador.
A gerência estabelece as tarefas e o planejamento.	A equipe decide as próprias tarefas e faz o planejamento.
Histórico e tempo gasto no trabalho determinam o pagamento do funcionário.	Habilidades e produtividade determinam o pagamento dos funcionários.
Os funcionários recebem treinamento de acordo com suas próprias especialidades.	Os funcionários recebem treinamento em práticas técnicas, administrativas e interpessoais, bem como treinamento nas funções de todos os integrantes da equipe.
A gerência estabelece e mede o padrão de qualidade.	A equipe estabelece e mede o padrão de qualidade.
Os funcionários realizam somente uma parte da tarefa; podem não perceber como todas as partes se encaixam no todo.	Os integrantes da equipe trabalham em colaboração, do começo ao fim, para completar uma tarefa.
Os funcionários podem desenvolver uma atitude competitiva em relação aos outros departamentos dentro da organização.	Os funcionários de uma equipe formam uma aliança, embora os indivíduos possam representar diversos departamentos.
Os funcionários assistem a reuniões ocasionais nas quais informações lhes são passadas.	Os integrantes da equipe encontram-se frequentemente para estabelecer objetivos, resolver problemas e revisar o andamento do projeto.

Respostas a pesquisas sobre o trabalho em equipe

Quando a revista *Training* conduziu uma pesquisa entre os funcionários de várias empresas que trabalham em equipe, eles verificaram que:[2]

98% acreditavam que o trabalho em equipe havia melhorado tanto a qualidade do serviço quanto dos produtos.
85% achavam que o trabalho em equipe havia aprimorado o serviço ao consumidor.
81% concordaram que o trabalho em equipe havia aumentado a produtividade.
80% atribuíram às equipes o aumento dos lucros da corporação.
76% disseram que a atmosfera do trabalho em equipe havia melhorado o moral dos funcionários.

Os funcionários que responderam a essa pesquisa já estavam trabalhando em equipe por pelo menos um ano, mas a resposta no princípio, quando as empresas anunciaram a proposição, provavelmente não havia sido favorável. Para a maioria deles, a mudança de um ambiente tradicional de trabalho para o de uma equipe causa certa ansiedade e oposição. Felizmente, a apreensão e a resistência dos empregados podem ser atenuadas com treinamento adequado. De fato, as reações negativas diminuem em proporção direta à quantidade de treinamento que os funcionários recebem.

---

[2] Jack Gordon. "Work teams: how far have they come?". *Training*, 1992, p. 59--64.

> "Se temos certeza a respeito de alguma coisa, é a de que mudar é uma certeza. O mundo que planejamos para hoje não existirá da mesma forma amanhã."
>
> Philip Crosby

Treinamento para equipes

Organizações que se concentram em educar e treinar o seu pessoal nos aspectos técnicos de suas funções e na participação eficaz de grupos aumentam as oportunidades para que suas equipes tenham alto desempenho. No início da década de 1990, a Corning Incorporated, ao reconhecer esse fato, decidiu investir em treinamento e passou a encorajar seus funcionários a dedicar pelo menos 5% de suas horas de trabalho em educação e treinamento.[3]

Os programas de treinamento mais eficazes ocorrem para quando uma equipe planeja seu próprio desenvolvimento. Para planejar um programa de treinamento completo, uma equipe deve discutir francamente seus pontos fortes e fracos. Depois disso o líder do grupo deve se reunir individualmente com cada membro a fim de determinar suas possibilidades de desenvolvimento. O ideal seria que cada integrante interpretasse as próprias habilidades e dissesse ao líder em que áreas gostaria de receber treinamento adicional. Entre os tópicos mais frequentemente solicitados pelos integrantes de uma equipe estão o

---

[3] Arthur R. Pell. *The complete idiot's guide to managing people*. Nova York: Simon-Schuster Macmillan, 1999, p. 33.

gerenciamento de diversidades, as habilidades de liderança e de negociação, e como ouvir eficazmente.

"Não conseguiremos nos tornar o que queremos ser se permanecermos sendo o que somos."

Max DePree

Para muitos funcionários, um ambiente de trabalho em equipe é estranho; assim, quando uma organização adota essa abordagem, deve, ao mesmo tempo, oferecer aos participantes um treinamento em tomada de decisão, finanças e contabilidade básicas, solução de problemas, resolução de conflitos e treinamento interfuncional.

- **TOMADA DE DECISÃO:** Alguns funcionários, especialmente aqueles que sempre procuram a ajuda de uma figura de autoridade, precisam desenvolver a capacidade de tomar decisões adequadas.
- **FINANÇAS E CONTABILIDADE BÁSICAS:** Pessoas que não têm nenhuma compreensão a respeito do funcionamento de uma empresa terão dificuldade para tomar decisões. Ter conhecimento básico de finanças e contabilidade é crucial para tomar uma decisão acertada.
- **SOLUÇÃO DE PROBLEMAS:** Muitas pessoas jamais tiveram de seguir um modelo para resolver problemas. No entanto, equipes precisam de um procedimento específico para isso e não devem confiar somente em debates para resolver dificuldades.
- **RESOLUÇÃO DE CONFLITOS:** Não se pode desenvolver confiança sem que conflitos sejam resolvidos. Assumir riscos e esquecer incidentes negativos anteriores também ajudam a estabe-

lecer confiança. As habilidades interpessoais necessárias para desenvolver confiança e trabalhar com conflitos são tão cruciais que os relacionamentos humanos e a comunicação constituem *metade*  de todo o treinamento oferecido pela Saturn Corporation.[4]

- **TREINAMENTO INTERFUNCIONAL:** O treinamento interfuncional, por fazer rodízio de deveres e responsabilidades, oferece aos integrantes da equipe a oportunidade de experimentarem os diversos papéis. Pesquisas têm mostrado que treinamento interfuncional ajuda as equipes a atingirem um nível elevado.[5] Por meio do rodízio de funções, os integrantes ganham novas habilidades valiosas e aprendem bastante sobre o papel de cada um, o suficiente para assumi-lo caso necessário ou desejável. Ao longo do tempo, a equipe terá mais conhecimento sobre seus departamentos que jamais teria tido, os integrantes acharão seu trabalho mais interessante e se sentirão mais seguros para desempenhar papéis variados.

 "Mesmo que ocupe a mesma mesa de trabalho para o resto de sua vida, é imprescindível que adquira muitas habilidades novas."

Larry Bossidy

---

[4] Ibidem, p. 98.
[5] Thomas Isgar. *The ten minute team: 10 steps to building high performance teams.* Boulder: Seluera Press, 1993, p. 114.

Treinamento interfuncional

O treinamento interfuncional permite que os funcionários vejam a relação entre seu trabalho, os objetivos da equipe e a organização da missão. Também ajuda cada participante a conhecer o tipo de apoio que pode oferecer ou solicitar. Esse tipo de treinamento motiva os integrantes da equipe que têm conhecimento especializado a ensinar os outros. Um benefício adicional é que, quanto mais um integrante da equipe aprende com os outros, mais forte se torna o domínio de si mesmo.

Treinamento interfuncional mostra o papel crítico de cada pessoa no processo de integração da equipe e demonstra a importância da comunicação franca entre os seus integrantes. O nível de flexibilidade que se atinge por meio desse tipo de treinamento fortalece qualquer equipe, pois, quanto maior o número de integrantes que podem assumir uma ampla variedade de tarefas, menores as chances de o projeto atrasar. Os membros da equipe podem se movimentar de uma atribuição para outra sempre que o fluxo de trabalho assim o exigir. Se não for possível que todos sejam totalmente treinados nos diferentes papéis, é necessário assegurar-se de que cada integrante pode assumir as tarefas *básicas* de pelo menos duas pessoas, de tal modo que o trabalho possa ser igualmente delegado se necessário. Por exemplo, suponha que Geraldo tenha uma cirurgia de emergência, e Tanysha e Ryan tenham sido treinados em suas responsabilidades. Se Tanysha estiver sobrecarregada, Ryan pode assumir o lugar.

Papéis típicos da equipe

Estudos estabeleceram oito papéis-chave que os participantes assumem em equipes produtivas. Quando os integrantes adotam papel de líder, crítico, implementador, especialista, diplomata, coordenador, inovador e inspetor, suas equipes funcionam mais eficazmente.[6]

- O *líder* recruta novos integrantes, motiva e apoia o grupo, e desenvolve o espírito de trabalho em equipe. O líder, um especialista em comunicação, leva a equipe em direção a comprometimentos e consenso, explora a possibilidade de perspectivas diferentes e ensaia acordos.
- O *crítico* analisa soluções para encontrar as fraquezas em potencial e impulsionar a equipe a aceitar somente a melhor das soluções. É o integrante que ajuda a definir os problemas, esclarecer confusões e apontar obstáculos para a tomada de decisão eficaz.
- O *implementador* tem a mentalidade de que tudo pode ser feito e adora lidar com problemas. Promove o funcionamento harmonioso da equipe, pensa metodicamente e antecipa modos de evitar atrasos na programação.
- O *especialista* sabe como as tarefas se inter-relacionam e providencia para que a equipe esteja atualizada em relação a informações relevantes. Sugere métodos e instrumentos para manter a equipe operando eficazmente.
- O *diplomata* mantém os relacionamentos externos da equipe agindo como elemento de ligação com os outros departamentos. É o integrante que sabe como dar uma virada positiva num evento negativo e como revigorar apoio para superar problemas.

---

[6] Robert Heller. *Essential managers: managing teams*. Nova York: DK Publishing, 1998, p. 6.

- O *coordenador* agrupa as tarefas num plano coeso e administra a implementação de recomendações da equipe. Ao manter um grande entendimento das prioridades, o coordenador sabe como interceptar um possível problema. É quem assume a responsabilidade pelos cronograma e orçamento da equipe.
- O *inovador* mantém e encoraja as energias criativas da equipe ao oferecer ideias e critérios novos ou sugerir cursos de ação alternativos para o grupo.
- O *inspetor* age como um agente de controle de qualidade que traça o progresso da equipe em direção aos objetivos e está sempre atento à qualidade dos resultados. Ele também pode revelar problemas não observados e verificar a confiabilidade da informação que a equipe recebe.

Em um grupo pequeno de trabalho, cada pessoa geralmente assume dois ou três desses papéis. Alguns podem não ser vistos como desejáveis ou necessários pelos integrantes da equipe, mas, se eles se imaginam como uma equipe esportiva vitoriosa, eles verão a necessidade de delinear claramente as funções, bem como a importância dos papéis "menos brilhantes".

"A proporção dos 'nós' para os 'eus' é o melhor indicador do desenvolvimento de uma equipe."

Lewis D. Eigen

Fases do desenvolvimento de uma equipe

Há quase quarenta anos, o psicólogo B. W. Tuckman conduziu um famoso estudo que descreveu quatro fases de interação de um grupo pequeno. Desde então, os pesquisadores têm constatado que as equipes passam por uma evolução de quatro fases. Compreender essa evolução fará de você um integrante ou líder melhor, pois será menos provável que veja seu grupo em particular como deficiente ou irregular e tenderá a ser mais construtivo naquilo que diz ou faz.

Fase 1 – Formação. No início, o grupo não passa de um amontoado de indivíduos. Nessa fase, os integrantes da equipe sentem-se inseguros a respeito do que estão fazendo. Embora o líder seja predominantemente um organizador que monta uma equipe, ele também é visto como uma "fonte de sabedoria" pelos outros integrantes.

Quando uma equipe se forma, é necessário saber quanta autoridade ela tem. O líder pode, inicialmente, só pedir *input* e manter para si o poder de decisão; mas pode mudar rapidamente no sentido de permitir que a equipe tome decisões, mostrando assim que todos, na verdade, têm esse poder. Uma equipe na Fase 1 precisa identificar sua missão e escrever os objetivos; estabelecer um código de conduta; determinar os recursos necessários para que o trabalho seja feito; selecionar o líder; e distribuir papéis com base em interesses, experiências e pontos fortes de cada um.

Durante a Fase 1, os integrantes frequentemente se preocupam em saber se os outros membros da equipe aceitarão e valorizarão suas opiniões, e se constantemente devem procurar orientação e direção do líder. Os integrantes do grupo nessa fase:

- Sentem-se pouco à vontade como integrantes do grupo.
- Temem a rejeição e se preocupam em ser aceitos e incluídos no grupo.

- Comunicam-se de maneira educada e insegura.
- Na realidade, não compreendem os objetivos, mas hesitam em pedir esclarecimentos.
- Procuram evitar conflitos e raramente discordam.
- Dividem funções com base em primeiras impressões e padrões conhecidos em vez de procurar adequar competências às exigências da tarefa.
- Dependem do líder e se identificam com ele em vez de com os outros integrantes da equipe.
- Veem o líder como competente e benevolente, e evitam desafiá-lo.
- Tendem a se comunicar por meio do líder.
- Devem estar dispostos a enfrentar conflitos para passar para a Fase 2.

FASE 2 – TURBULÊNCIA. Essa fase é marcada por desacordos e competição entre os integrantes da equipe ou entre eles e o líder. Por meio desse conflito é que se define a equipe. Frequentemente, o líder precisa promover resoluções bem-sucedidas de conflito, servindo como um advogado que se mantém racional e aberto ao se envolver com a procura imparcial dos fatos. O líder precisa evitar desenvolver a "cultura da culpa", pois isso definitivamente matará o espírito de equipe. Durante essa fase tempestuosa, alguns integrantes se tornam silenciosos e outros dominam.

© 2008 JupiterImages Corporation

Os integrantes do grupo na Fase 2:

- Discordam sobre valores, prioridades, objetivos e tarefas.
- Exigem esclarecimento dos papéis e objetivos.
- Desafiam o líder e os outros.

- Participam ou se retraem mais do que antes.
- Tentam gerenciar conflitos.
- Unem-se mais e começam a confiar uns nos outros quando os conflitos são resolvidos satisfatoriamente.

- Precisam adotar uma atitude de solução de problema para que possam passar para a Fase 3.

Fase 3 – Normatização. Agora o grupo se solidifica, formando-se uma verdadeira equipe. Uma vez que se saíram bem na solução de seus conflitos mais importantes, os integrantes sentem-se agora mais seguros uns com os outros e com seu líder. Este passou a ter o papel de um mediador que mantém a equipe caminhando na direção certa. Confiança mútua formou a base sobre a qual se desenvolveu a cooperação e o espírito de equipe. O grupo desenvolveu a confiança ao encorajar debates francos, o que fez com que os integrantes acreditassem que podiam mostrar suas "cores verdadeiras" e ainda ser aceitos pelo resto do grupo. Agora que as pessoas entendem que colaboração não significa resignação, elas, de boa vontade, também compartilham ideias e sentimentos, e solicitam e oferecem feedback honesto. Os integrantes do grupo na Fase 3:

- Adaptam seus papéis ou os mudam a fim de obter uma melhor equiparação das habilidades com as tarefas.
- Sentem um forte comprometimento para com o grupo.
- Começam a valorizar os talentos de cada membro da equipe e a confiar uns nos outros.
- Sentem-se felizes por fazer parte do grupo.

- Desenvolvem níveis mais profundos de confiança, comunicação e coesão.
- Gerenciam eficazmente os conflitos que surgem.
- Oferecem e recebem feedback de maneira construtiva.
- Veem o líder como consultor, e não como diretor.
- Precisam de mais tempo juntos para passarem para a Fase 4.

Fase 4 – Performance. Nessa fase, os integrantes tornam-se uma equipe na acepção da palavra. Há uma comunicação clara e honesta entre os membros que se empenham em executar o trabalho. Cada integrante da equipe precisa dos outros e se esforça para manter um relacionamento estreito. À medida que mais funções de liderança são compartilhadas por toda a equipe, o líder adota um papel inspirador, como de uma musa, que leva a equipe a manter a força viva. Nessa fase, o moral está alto, e a lealdade intensa. Na Fase 4, os integrantes:

- Entendem claramente os objetivos da equipe, seus próprios papéis, bem como os de seus colegas.
- Equiparam as tarefas às habilidades dos integrantes.
- Participam livre e abertamente; discordam sem temer rejeição.
- Passam a maior parte do tempo no desempenho de suas tarefas.
- Implementam e avaliam as soluções e decisões da equipe.
- Esperam se sair bem.
- Cooperam uns com os outros.
- Utilizam, consistentemente, estratégias eficazes de gerenciamento de conflitos.

Nos dois ou três primeiros meses, os grupos geralmente lidam com problemas característicos das duas primeiras fases. A Fase 3 surge no quarto ou quinto mês, e a Fase 4 começa normalmente no sexto ou sétimo mês.[7] No entanto, o desenvolvimento da equipe nem sempre ocorre numa direção positiva. Pode ser que os grupos fiquem encalhados numa fase em particular por períodos mais longos, resultando, em longo prazo, numa ineficiência e em baixa produtividade. O desenvolvimento da equipe também pode flutuar em virtude de circunstâncias que a afetam, como exigências externas e mudança de algum integrante ou da liderança. Mudanças, novas atribuições e nova administração podem provocar uma regressão do grupo e exigir uma reestruturação da cultura dele.

"O poder supremo de uma equipe bem-sucedida reside não no brilho de seus integrantes, mas na fecundação cruzada de suas habilidades coletivas."
Reg Revans

Estratégias para formação de equipe

A formação da equipe pode intensificar a sua evolução ao melhorar a comunicação entre os integrantes, melhorar a coordenação e a cooperação, preparar o grupo para novos projetos e desenvolver as habilidades necessárias para realizar tarefas específicas por meio de uma série de atividades estruturais. Além disso, ela pode ser feita na forma de atividades intelectuais e de cooperação para a solução de problemas (semelhante às encontradas neste livro) ou como desafios físicos (por exemplo, escalar rochas, travessias com cordas, grupos de "sobrevivência").

---

[7] Susan A. Wheelan. *Creating effective teams: a guide for members and leaders*. Thousand Oaks: Sage Publications, 1999, p. 132.

Uma equipe em formação entra em atividade depois que um consultor observa suas reuniões e equipara interações dos integrantes a indicadores não verbais, e oferece feedback construtivo. Depois disso, o consultor elabora um programa de atividades para os integrantes da equipe a fim de ajudá-los a checar como interagem, incentivar a cooperação, expor os pontos fracos e estabelecer colaboração mais eficaz.[8] Muitas organizações utilizam atividades de formação de equipe e consultores para os grupos que estão em crescimento, bem como para aqueles que estão tropeçando.

Se uma equipe fracassa...

Apesar dos esforços de formação da equipe, um grupo pode ocasionalmente não conseguir se unir ou se afundar sem esperança na Fase 2. Diante disso, organizações deveriam estabelecer um procedimento para tirar proveito tanto das experiências negativas quanto das positivas. Por exemplo, se quatro equipes atingiram seus objetivos, enquanto uma quinta falhou, é possível tirar proveito de ambas as experiências: juntar um integrante da equipe que falhou com um integrante de uma das equipes bem-sucedidas, e eles trabalharão como consultores de equipes recentemente formadas.

Implementar um modelo de trabalho em equipe dentro de uma organização pode causar resistência, frustração, progresso lento e falta ocasional de rumo; mas, se a empresa reconhece e

---

[8] John Newstrom e Edward Scannell. *The big book of team building games*. Nova York: McGraw Hill, 1998, p. xiii.

prevê dificuldades, a organização persistirá por um tempo suficiente para que experimente resultados excepcionais com esse tipo de trabalho.

Recapitulação dos conceitos-chave

- No ambiente de trabalho em equipe, liderança, tomada de decisão e poder são compartilhados. A produtividade de uma equipe determina o pagamento, as pessoas recebem treinamento interfuncional, e uma atitude colaborativa ajuda os funcionários a assumir uma tarefa do início até o fim.
- No ambiente tradicional de trabalho, os chefes tomam todas as decisões, o pagamento é determinado pela antiguidade, os funcionários são treinados somente para seus deveres específicos, e as pessoas podem desenvolver uma atitude de competitividade.
- O trabalho de formação de equipe pode ajudar um grupo a se tornar mais produtivo, melhorando a comunicação, aprimorando a cooperação e desenvolvendo habilidades essenciais.
- Equipes passam por uma evolução de quatro fases, que são chamadas de formação, turbulência, normatização e performance.
- Treinamento em tomada de decisão, conceitos básicos de finanças e contabilidade, solução de problemas, resolução de conflitos e outras responsabilidades ajudam a aliviar os temores dos funcionários.
- Treinamento interfuncional torna uma equipe mais produtiva e capacita os integrantes a assumir funções diferentes quando necessário.
- Os integrantes da equipe adotam, normalmente, um dos oito papéis: líder, crítico, implementador, especialista, diplomata, coordenador, inovador e inspetor.
- Se uma equipe falha, pelo menos um de seus integrantes deve servir como consultor para equipes inexperientes, a fim de prevenir um fracasso.

4
Como ser um bom participante de equipe

Objetivos

- Como tratar os outros profissionalmente.
- Como se comportar como um bom participante de equipe.
- Modos de oferecer feedback para obter os melhores resultados.
- Maneiras positivas de receber feedback para crescer pessoal e profissionalmente.
- Como integrantes não participativos podem prejudicar uma equipe.

"Ninguém consegue grandes realizações se não trabalhar com outros."
Daniel Levinson

Habilidades interpessoais, ou capacidade para interagir construtiva e positivamente com outros, tornou-se uma das características de funcionários mais desejáveis no novo milênio. Pessoas que têm habilidades interpessoais fortes geralmente se tornam grandes participantes de equipe, trabalhando harmoniosamente para atingir os objetivos da organização. A falta de habilidades interpessoais pode ter um preço alto; uma pessoa sozinha pode interferir na capacidade de uma equipe atingir seus objetivos. Em um estudo, quando os gerentes nomearam os traços mais importantes de um integrante ideal de equipe, ser de "fácil relacionamento" (*team player*) foi classificado como o mais alto, antes de dedicação, de solucionador de problemas, de experiência e de boa comunicação.[1]

Nas entrevistas realizadas na Divisão de Ferraria da Eaton Corporation, o candidato a um trabalho é avaliado, sobretudo, por seu potencial para ser um colega de equipe. Depois que o candidato sai, a comissão de emprego discute questões como: pode-se depender dessa pessoa? Pode-se confiar nela? A pessoa se comunicou bem? O candidato consegue se comprometer com algo mais do que um simples emprego?[2] Os membros da comissão acreditam que o sucesso de toda a organização reside no trabalho em equipe; assim, eles não podem se arriscar a contratar uma pessoa que não seja um bom participante. Ao final desta seção, você concordará com essa ideia.

"A vida não é tão curta a ponto de não haver tempo suficiente para a cortesia."

Ralph Waldo Emerson

Trate os demais profissionalmente

Possuir habilidades interpessoais talvez seja o fator mais importante em qualquer profissão. Provavelmente você conhece a regra de ouro bíblica, a base para todas as habilidades interpessoais. "Faça aos outros aquilo que deseja que os outros façam

---

[1] John Newstrom e Edward Scannell. *The big book of team building games*. Nova York: McGraw Hill, 1998, p. xiii.

[2] Robin Yale Bergstrom. "Be prepared to be involved". *Automotive Manufacturing & Production*, v. 109, n. 2, 1997, p. 67.

para você" [Lucas 6:31] é um conselho claro que parece dizer tudo. Aceitar a regra de ouro, em combinação com as orientações seguintes, maximizará suas habilidades pessoais para que possa tirar o melhor proveito do local de trabalho:

- **Seja cortês:** Integrantes de equipe experientes nunca exigem ou mandam; eles sempre pedem com "por favor" e agradecem com "muito obrigado".
- **Mostre interesse pelos colegas:** Integrantes experientes respeitam as famílias e os interesses de seus companheiros fora do local de trabalho. A pessoa fica feliz quando você se lembra dos nomes dos filhos ou pergunta sobre o torneio de voleibol do qual ela participou no fim de semana.
- **Exiba atitude positiva do tipo "consigo fazer":** Integrantes experientes não minimizam inovações criticando constantemente as ideias novas. Ao contrário, eles reconhecem as boas ideias vindas dos companheiros e respondem positivamente às sugestões e pedidos dos outros.
- **Admita quando estiver errado:** Integrantes experientes aceitam a culpa, quando necessário, admitem seus erros e se desculpam por eles. Isso passa uma impressão favorável e ajuda a desenvolver a confiança. Assumir a culpa torna mais provável que outros também o façam. Integrantes experientes, às vezes, se desculpam mesmo quando não sentem que fizeram ou disseram algo errado, mas acreditam que um pedido de desculpas amenizará a situação.
- **Expresse gratidão:** Integrantes experientes não se esquecem de expressar gratidão pelo que foi feito por eles. Por exemplo, se um engenheiro mecânico põe de lado o próprio trabalho, que talvez pudesse ser patenteado (e o reconhecimento pessoal), para trabalhar intensamente e ajudar você a completar

sua parte em um projeto urgente do grupo, expresse sua apreciação por seu altruísmo.

- **CRITIQUE COM CUIDADO:** Quando integrantes experientes precisam criticar outras pessoas da equipe por qualquer razão, eles devem fazê-lo de modo construtivo, em particular concentrando em comportamentos *específicos* que a pessoa possa mudar – por exemplo, não levantar o tom de voz durante uma reunião. Feedback construtivo promove desenvolvimento e engrandecimento individuais. Jamais forneça feedback que não contribua para que o indivíduo se torne um integrante mais eficaz. (Por exemplo, falar que alguém é muito jovem para desenvolver um bom relacionamento com um cliente mais velho é negativo e irreal, pois idade é algo que não pode ser mudado.) Para aumentar a possibilidade de que a pessoa responda favoravelmente à crítica construtiva, judiciosos integrantes dizem algo bom que a pessoa tenha feito recentemente antes de falar algo negativo. Esses integrantes experientes dão feedback tão logo seja possível e sempre dizem as partes negativas em particular – *nunca* na frente dos outros.
- **AJUDE OS OUTROS QUANDO PEDIREM:** Integrantes experientes compreendem que podem ganhar um aliado ao ajudar a salvar o dia de alguém. Também sabem que, ao oferecerem uma troca de favores, estão demonstrando confiança nas capacidades desse integrante.
- **RESPEITE A PRIVACIDADE DAS PESSOAS:** Integrantes experientes não fazem perguntas indiscretas sobre situação financeira ou relacionamentos pessoais. Eles sabem que a coesão da equipe não requer conhecimento de detalhes pessoais dos integrantes do grupo.

Características de um bom participante de equipe

Um bom participante de equipe exibe consistentemente características que provam sua vontade de cooperar, é humilde, positivo, caridoso e confiável. Ele é bom comunicador, sabe ouvir, é aberto a mudanças, digno de confiança, diplomático e está disposto a aprender.

- **COOPERATIVO:** Demonstre um espírito de cooperação dando apoio aos integrantes da equipe. Essa cooperação se manifesta em algo tão complexo quanto ajudar alguém a resolver um grande problema técnico ou tão simples quanto fazer comentários incentivadores sobre as ideias de alguém. Por exemplo, Kwan sempre está pronta a ajudar quando vê um colega se esforçando para terminar um trabalho no prazo.
- **HUMILDE:** Entenda que todos os colegas precisam trabalhar juntos para maximizar o desempenho da equipe. Reconheça que depende dos outros participantes e procure a ajuda deles para resolver problemas e superar obstáculos. Compartilhe o crédito das vitórias. Quando falar sobre as realizações da equipe, não use palavras como *eu, meu, minha,* ou *para mim.* Ao contrário, use sentenças do tipo "*Nós* conseguimos!", e "*Nossa* solução funcionou bem". Por exemplo, numa situação em que Miguel é destacado pela gerência para receber todo o crédito, em vez de se vangloriar, ele cita os demais integrantes e como todos cooperaram para que o projeto fosse um sucesso.

"Não procure defeitos; encontre soluções!"

Henry Ford

- **Positivo:** Ofereça soluções a problemas em vez de simplesmente se queixar deles. Procure o lado positivo das situações e fale sobre sua equipe de modo favorável. Veja o lado bom das pessoas e não guarde rancor. Por exemplo, Zoe faz questão de dizer às pessoas fora da equipe que está feliz por fazer parte do grupo.
- **Caridoso:** Jamais trate uma situação com outro colega da equipe como se fosse uma batalha na qual um lado ganha e o outro perde. Você quer que todos vençam, embora isso signifique concessões. Por exemplo, Willie sabe que não é inteligente vencer uma batalha e perder a guerra. Em vez de tentar "ganhar", ele sempre trabalha com o objetivo de fazer concessões para que todos fiquem satisfeitos.
- **Confiável:** Seja alguém em quem os outros integrantes da equipe possam confiar. Desenvolva a confiança, e faça somente acordos consciente de que pode mantê-los. Se ocorrer uma emergência que o impeça de manter o acordo, informe imediatamente aos outros envolvidos. Peça desculpas, dê uma explicação e, se possível, ofereça uma alternativa. Por exemplo, Josette acabou de ficar sabendo que vai precisar ser operada e necessitará de seis semanas de recuperação. Ela sabe que isso fará com que não cumpra um prazo importante e que afetará diversos colegas de equipe, bem como a possibilidade deles de cumprir o prazo. Imediatamente ela entra em contato com seus companheiros, explica que estará incapacitada de completar sua parte no projeto a tempo e sugere como seu trabalho poderá ser feito em sua ausência (isto é, distribui suas responsabilidades, contrata um substituto ou continua participando por meio de telecomunicação).

■ **BOM COMUNICADOR:** Comunique-se eficazmente com os demais, compartilhando ideias e falando francamente. Quando necessário, discorde de maneira adequada e profissional. Por exemplo, Scott discorda das ideias de Eileen sobre quais estações de rádio deveriam ser utilizadas para divulgar as propagandas que serão lançadas. Ele indica as falhas nos argumentos usados por Eileen de maneira profissional, aborda a questão em si, sem se referir a Eileen ou à sua competência, e diz: "Na verdade, não acredito que o público a que visamos ouça tanto a WARM quanto a WZQR. Veja estas estatísticas recentes..."

> "Primeiro procure compreender, e depois ser compreendido."
> Stephen Covey

■ **BOM OUVINTE:** Ouça antes de falar ou tomar uma atitude. Faça um esforço para ouvir 80% do tempo e falar somente 20%. Demonstre respeito e atenção ouvindo atentamente os outros e sumarize o que eles disseram para esclarecer seu entendimento. Quando, ao falar, a pessoa percebe que você tenta, verdadeiramente, entender seu ponto de vista, isso alimenta a confiança. Por exemplo, Ebony ouve as ideias de todos e depois faz um resumo do que ouviu. Ocasionalmente, isso faz com que um integrante perceba, no que se falou, a condução a um entendimento errado e procure esclarecer a questão. Quando Ebony tem certeza de que entendeu o ponto de vista dos colegas, oferece suas próprias ideias. Esse comportamento fez com que ganhasse o respeito dos colegas.

- **ABERTO A MUDANÇAS:** Receba bem o feedback de seus colegas e faça uso da crítica pessoal para melhorar seu desempenho no trabalho. Embora possa não apreciar mudanças, jamais deixe de considerar métodos, procedimentos ou equipamentos só porque são novos ou diferentes. Por exemplo, o líder confronta Xavier a respeito dos atrasos constantes nas reuniões de equipe. Em vez de encontrar desculpas, argumentar ou ficar bravo e defensivo, Xavier percebe que precisa melhorar o seu comportamento. Toma atitudes a fim de chegar no horário daí em diante (programa um alarme para despertar no seu celular ou coloca um lembrete que fica piscando na tela do computador).

- **DIGNO DE CONFIANÇA:** Aja de maneira honesta e clara, sempre explicando o que realmente tem em mente. Não esconda informação e nunca aja de modo enganoso. Por exemplo, pode-se sempre esperar que Irene conte a verdade para um colega de equipe. Ela jamais diz uma coisa para uma pessoa e outra diferente para algum outro membro da equipe.
- **APRENDIZ PARA A VIDA TODA:** Reconheça a importância do crescimento pessoal e procure oportunidades para desenvolver tanto sua proficiência técnica quanto habilidades interpessoais. Por exemplo, Kadir percebe que tem resistido ao uso do novo sistema de reconhecimento de voz que a empresa instalou no seu computador. Quando são oferecidas aulas de treinamento, ele se matricula e frequenta todas as sessões. Sabe que a recusa em aprender algo novo não impedirá o seu progresso: impedirá somente o seu desenvolvimento pessoal.

- **Diplomático:** Lembre-se de dizer algo simpático antes de oferecer, gentil e construtivamente, feedback negativo. Tente manifestar desacordos ou queixas de modo não ofensivo. Por exemplo, quando Huong precisa falar ao Ed que este deverá reescrever sua parte do código de programação, ela começa elogiando tudo o que achava inovador em seu código. Depois, então, explica que ele precisa refazê-lo com base em alguns enunciados de Ed que resultaram em falhas. "Percebo por que você supôs que havia necessidade de incluir impressoras de jato de tinta, pois Kathi mencionou isso nas especificações do *driver* da impressora na reunião que tivemos em dezembro. No entanto, como mudamos as exigências no início de janeiro, a codificação deve ser modificada."

"Conselho é como neve: quanto mais suavemente cai, mais se prolonga e mais profundamente se instala na mente."

Samuel Taylor Coleridge

Ofereça feedback de modo positivo

Quando oferecer feedback a um integrante da equipe, seja breve e específico. Comece dizendo algo positivo, mas não enrole muito. Seja direto, sem fazer acusações. Por exemplo, Wanda achava que seu colega Tim tinha ideias excelentes, mas ela se ofendia com seu hábito de fazer comentários com palavras obscenas. Wanda procurou Tim e, *em particular*, disse: "Tim, sua opinião me é valiosa; só gostaria que você não usasse linguagem vulgar para expressá-la".

Ao oferecer feedback negativo, fale somente por você. Não passe a ideia de que todos do grupo pensam do mesmo modo, mesmo que isso seja verdade. Se assim o fizer, a pessoa vai pensar que está sendo rejeitada pelo grupo. Evite usar palavras negativas e exageros. Durante a conversa, expresse clara e especificamente como se sente, usando a palavra *eu* em vez de *você*: "Frank, quando eu peço a sua ajuda e você diz não, eu me sinto frustrada. Começo a achar que faço mais do que me compete nesse projeto".

"Nenhum portador de más notícias é amado."
Sófocles [Antígona]

Feedback negativo será mais bem aceito se também falar algo positivo. Lembre-se de elogiar os outros, mas faça isso criteriosamente, caso contrário perderá o efeito. Elogiar um *comportamento* específico oferece maiores benefícios do que elogiar a pessoa. Diga "Acho que você fez um grande trabalho quando negociou a proposta com a Forsyth", tem um efeito melhor do que "Você está fazendo um grande trabalho".

"Não há nada que recebamos com tanta relutância quanto um conselho."
Joseph Addison

Receba feedback de maneira positiva

Quando um integrante lhe der feedback, repita os comentários feitos para ter certeza de que os entendeu. Se o integrante lhe dá um feedback negativo, ouça cuidadosa e respeitosamente. Não interrompa a pessoa que está falando, mas reconheça pontos válidos e faça perguntas para esclarecer o assunto. Peça desculpas (mesmo que não seja necessário) se achar que isso erradicará maus sentimentos. Não reaja defensivamente a críticas. Ao contrário, pense cuidadosamente antes de dizer qualquer coisa. Reflita com calma sobre o que está sendo dito e em como responder; isso não fará com que seja visto como indeciso. Quando for conveniente, compartilhe o que considera possível ser feito a respeito do feedback negativo. Quando a pessoa pedir que mude algo, algumas respostas possíveis incluem:

- "Vou fazer o que sugere."
- "Sinto muito. Não posso fazer isso, porque…"
- "Posso fazer isso, mas sob estas condições…"
- "Preciso pensar sobre isso. Volto a falar com você."

Lembre-se de receber feedback positivo de modo profissional. Aceite os elogios dos outros cortesmente, dizendo coisas do tipo: "Obrigado, fico feliz que pense assim" ou "Sua opinião é muito importante para mim, e fico feliz que pense assim". Evite fazer comentários do tipo "Ah! Isso não é nada. Tenho certeza de que você poderia ter feito melhor". Depreciar suas realizações ou talentos só faz com que você pareça falso, e a pessoa que o elogia pode se sentir ridícula.

> "As pessoas deveriam ser razoavelmente tolerantes e ter o sucesso da empresa como mais importante de que os seus próprios sucessos."
> Sir John Egan

Maus participantes prejudicam a equipe

Os funcionários que não são bons participantes podem fazer ruir as chances de sucesso da equipe, destruindo-a completamente por seu comportamento negativo, e seus companheiros sabem disso. Esse tipo de participante empenha-se em comportamentos não cooperativos ou para benefício próprio, como:

- Trabalha em tarefas não prioritárias em vez de ajudar os colegas de equipe a completar partes mais importantes de um projeto com prazo final próximo.
- Faz somente a tarefa que lhe foi atribuída especificamente. Ao enfrentar uma situação atípica, em vez de mostrar iniciativa e oferecer ajuda aos companheiros, esse tipo de pessoa sem espírito colaborativo diz: "Isso não está incluído na descrição das minhas funções."
- Faz comentários negativos a respeito de seus colegas ("Não seja idiota!") ou ataca a qualidade das sugestões dos outros ("Que ideia ridícula!").
- Destrói a base de confiança ao fazer comentários maldosos a respeito dos integrantes da equipe para pessoas que não pertencem ao grupo.
- Responde "Pode deixar; eu mesmo faço isso" quando um colega pede a colaboração numa tarefa.

Ao contrário disso, um bom participante de equipe acredita que pode fazer diferença no modo como uma empresa é dirigida e mostra preocupação genuína por seus colegas e pela organização. Temos o caso ocorrido em 1991 na Divisão de Ferraria da Eaton Corporation, quando o gerente da fábrica anunciou a possível demissão de 96 trabalhadores. Um dos funcionários então disse: "Temos uma excelente equipe e odiaria ver qualquer um sendo despedido. Por que o pessoal não tira períodos extras de folga e não dispensa ninguém?" Toda a equipe concordou em fazer rodízio de folgas não remuneradas às sextas-feiras para que todos mantivessem o emprego. Esse acordo, sugerido por um colega para beneficiar toda a equipe, durou quatro meses, até que a economia melhorou.[3] A pessoa que fez essa sugestão exemplifica o comportamento de um bom participante de equipe.

"Se o grupo humano que forma uma empresa não trabalhar em conjunto, direcionado a um objetivo único, com certeza ele levará essa empresa ao fracasso."

Takashi Ishihara

Bons participantes sobrevivem

No verão de 2000, a rede de televisão CBS iniciou uma série chamada *Survivor* (*O sobrevivente*) que foi um sucesso de audiência. Essa série ilustrou dramaticamente a psicologia de trabalho em equipe de um modo que deixou os espectadores boquiabertos.

---

[3] Ibidem, p. 68.

Duas "tribos" de pessoas competindo por um milhão de dólares sofrem um "naufrágio" numa ilha não habitada ao sul do Mar da China, com um mínimo de equipamento e comida. As equipes participavam semanalmente de desafios criativos e, caso perdessem, eram forçadas a votar a eliminação permanente da ilha de um dos integrantes (que, consequentemente, deixava de competir pelo prêmio).

Os participantes que permaneceram por um tempo maior foram aqueles que se uniram e agiram como uma entidade única. Além disso, essas pessoas foram vistas como bons participantes de equipe pelos outros membros da tribo. Semana após semana, os membros da tribo que não exibiam as qualidades necessárias para se tornar um bom participante ou que eram vistos como um peso eram excluídos da ilha. O mesmo pode ser dito a respeito do local de trabalho. Os maus participantes podem prejudicar as possibilidades de sucesso da equipe, e seus colegas sabem disso.

Recapitulação dos conceitos-chave

- Sempre que lidar com os outros, seja cortês, mostre interesse por seu dia a dia, exiba atitude positiva, gratidão e respeito pela privacidade dos demais. Admita os próprios erros, critique com cautela e ajude os outros quando eles solicitarem.
- Um bom participante é cooperador, humilde, positivo, caridoso, confiável, aberto a mudanças, digno de confiança, diplomático e um aprendiz para a vida toda. Um bom participante de equipe também sabe se comunicar e ouvir eficazmente.
- Oferecer feedback negativo de modo positivo faz com que a pessoa que o recebe esteja mais propensa a responder favoravelmente.

- Ser um bom participante de equipe é um dos traços mais importantes que os empregadores procuram entre os candidatos a um emprego.
- Receber feedback negativo de modo positivo pode ajudá-lo a crescer tanto profissional quanto pessoalmente.
- Maus participantes prejudicam as possibilidades de sucesso da equipe envolvendo-se em comportamentos não cooperativos e para benefício próprio.

5
Obstáculos ao sucesso do trabalho em equipe

OBJETIVOS

- Por que o trabalho em equipe não ocorre naturalmente para a maioria das pessoas.
- Fatores organizacionais importantes que inibem o trabalho em equipe.
- Estratégias para serem usadas com integrantes problemáticos de equipe.
- Modos de tratar integrantes difíceis de equipe.

> "Não confio facilmente nos outros para que um trabalho seja realizado. Quando iniciamos como integrantes de equipe, achei particularmente difícil fazer a minha parte."
>
> John Newman

Com demasiada frequência, a gerência que introduz o uso de equipes na organização supõe que os funcionários já sabem como trabalhar assim – contudo, a maioria não sabe. Equipes esportivas servem como modelos de grupos bem-sucedidos, levando as empresas a tirar a conclusão apressada, e falsa, de que todas as pessoas são como os jogadores. No entanto, poucos participam ou entendem seu mecanismo, exceto quando dentro da estrutura de uma equipe esportiva.[1] Consequen-

---

[1] Jeanne Plas. *Person-centered leadership: an american approach to participatory management*. Thousand Oaks: Sage Publications, 1996, p. 228.

temente, de modo geral, é uma tarefa difícil para um grupo de colegas formar uma equipe de alto nível. Muitos obstáculos precisam ser derrubados para que as paredes do trabalho em equipe possam ser erguidas.

Trabalho em equipe não vem naturalmente

Muitas pessoas que constituem a força de trabalho atual têm tido sua capacidade de trabalhar em equipe inibida por algumas ou todas as seguintes condições:

- **SOCIALIZAÇÃO:** Muitos funcionários foram preparados, desde a infância, para competir e tentar se sobressair, resultando numa atitude incompatível com o compartilhamento de boas ideias ou de crédito pela realização de tarefas em conjunto.
- **INDIVIDUALISMO:** De maneira geral, os funcionários não aprenderam a trabalhar em conjunto em direção a um objetivo comum. Antigamente, *indivíduos* obtinham sucesso em suas carreiras ao criar um clima de competitividade entre os colegas – e não por meio da cooperação. Nesse contexto, em princípio, os trabalhadores rejeitam a ideia de ter de confiar em outros para que um trabalho seja feito.
- **SEGREGAÇÃO DE HABILIDADES:** A maior parte dos trabalhadores tem sido segregada de acordo com suas capacidades e funções; por exemplo, um grupo formado por todos os ferramenteiros e moldadores. Desde o princípio eles podem se sentir desconfortáveis trabalhando em um grupo heterogêneo e não conseguem apreciar o valor da diversificação de personalidades e talentos na equipe. Estudos têm mostrado que uma grande dificuldade que os trabalhadores tradicionais têm é perceber que a diversidade numa equipe é valio-

sa, e não um obstáculo.[2] Contudo, os grupos diversificados – seja em termos de idade, etnia, sexo, habilidades ou conhecimento – geralmente são os que tomam as melhores decisões.

- **SEGREGAÇÃO DE FUNÇÕES:** Tradicionalmente, a maioria dos trabalhadores sabe apenas como fazer a sua parte do trabalho e, talvez, nem compreenda como este se encaixa no produto final da organização. Todavia, o trabalho em equipe eficaz demanda integração de funções. Em um ambiente de trabalho em equipe, os empregados precisam mudar sua atitude de "Isso não está na descrição da *minha* função" para "Esse é *nosso* trabalho, e estamos orgulhosos por fazê-lo".

- **INEXPERIÊNCIA:** Muitas pessoas colocadas em equipes de autogerenciamento possuem pouca experiência nos aspectos administrativos, mas passam a enfrentar o desafio de aprender como desenvolver um orçamento e se ater a ele, contratar pessoal qualificado e monitorar desempenho. Mesmo que tenham tido alguma experiência participando de comitês, podem saber pouco sobre como estabelecer objetivos realistas.

- **MEDO DE TOMAR DECISÕES:** Muitas pessoas nunca tiveram de gerar ideias ou tomar suas próprias decisões, mas, em vez disso, tiveram de recorrer à orientação de seus supervisores sem questioná-los. É provável que não tenham a menor ideia de como tomar uma decisão válida relativa aos negócios.

- **INCAPACIDADE PARA LIDAR COM MUDANÇAS:** A tecnologia tem provocado mudanças desmedidas. Como consequência, os empregados precisam aprender habilidades adicionais e atividades

---

[2] Susan A. Wheelan. *Creating effective teams: a guide for members and leaders.* Thousand Oaks: Sage Publications, 1999, p. 61.

totalmente novas. Para ser bem-sucedida, uma equipe precisa se adaptar rapidamente a novos paradigmas. As incertezas que acompanham uma mudança significativa podem causar estresse e sentimentos de inquietação na força de trabalho. Apesar das emoções desconcertantes relacionadas a qualquer mudança, essas mudanças e acontecimentos – até os não bem-vindos – podem agir como trampolim para a retomada do progresso. Uma equipe adapta-se rapidamente a uma mudança, mesmo que estressante, se seus integrantes tiverem participação nas decisões que levaram a ela.

"Uma equipe de trabalho é conscientemente adotada, mas inconscientemente evitada nos negócios pela maioria das pessoas, pois estas têm muito medo dela. Acreditam que lhes renderá o anonimato e a invisibilidade."

Srully Blotnick

Principais fatores organizacionais que inibem o trabalho em equipe

A mudança para o trabalho em equipe é a maior transformação histórica e cultural nos Estados Unidos. Por mais que uma administração queira se aproximar do instituto de equipe, a tentativa fracassará se a própria organização tropeçar em bloqueios que inibam seu trabalho. Os quatro principais fatores que inibem o trabalho em equipe são:

1. **FALTA DE FÉ NA EMPRESA OU EM SUA FINALIDADE:** O trabalho em equipe baseia-se na crença de que você é parte crucial de uma organização importante e bem-sucedida. Se a organização

não tem finalidade clara, seus funcionários se preocuparão somente consigo mesmos – seu salário e carreira –, mas, quando uma organização tem um objetivo claro, as pessoas sentem-se pessoalmente ligadas a ele.

2. **FALTA DE APOIO POR PARTE DA ADMINISTRAÇÃO:** Os funcionários precisam acreditar que, quando enfrentarem dificuldades relacionadas ao trabalho, a empresa oferecerá ajuda. O nível de motivação despenca se os funcionários não acreditarem que podem superar reveses. Por exemplo, se uma organização implementa a abordagem de trabalho em equipe, mas não oferece treinamento adequado, os funcionários podem se sentir frustrados e agir como equipe somente no nome. Integrantes de equipe não confiam na alta administração quando acreditam que seus melhores esforços não são notados ou se sua crescente produtividade provoca uma necessidade de haver menos funcionários, resultando em cortes.

3. **CLIMA ORGANIZACIONAL DESFAVORÁVEL:** Numa atmosfera negativa, os funcionários tornam-se indiferentes e mais resistentes a aprender coisas novas. Equipes funcionam mal em organizações que:[3]

- Não instituem objetivos significativos e tarefas que requeiram habilidades, ofereçam variedade e exijam interdependência para realizá-las.
- Não conseguem estabelecer objetivos e tarefas que requeiram aprendizagem constante.
- Negam acesso a recursos necessários.

---

[3] Ibidem, p. 11.

- Não designam uma área específica de trabalho. Embora a tecnologia tenha tornado e-mail, teleconferência e videoconferência lugares-comuns, a pesquisa tem estabelecido que a proximidade e encontros face a face melhoram a produtividade da equipe. Um grupo precisa ter seu próprio território.

4. **Cultura organizacional sem ética:** Cultura significa valores compartilhados que influenciam o comportamento dos funcionários em toda a organização. Mais do que qualquer outro fator, uma cultura organizacional sem ética inibe a capacidade organizacional de executar o trabalho de equipe. Se os funcionários não trabalham em um ambiente que encoraja a honestidade, o respeito e a dignidade, eles não podem se tornar uma equipe. Numa empresa em que a cultura negativa de trabalho é padrão – por exemplo, dizer uma coisa que significa outra, arrumar desculpas e fazer acusações – desenvolve-se uma atmosfera desagradável, fazendo com que os integrantes da equipe passem a desconfiar uns dos outros. Isso resulta em falta de colaboração e indisposição para a confiança mútua. Em um ambiente desse tipo, o trabalho de equipe não pode brotar, muito menos se desenvolver.

Desencantamento dos funcionários

Mesmo quando uma equipe tem os recursos e os talentos necessários e recebe treinamento, a forma como os integrantes se consideram em relação ao grupo e ao projeto pode interferir na execução do trabalho. Desencantamento por parte dos funcionários significa que pelo menos um integrante se sente estressado, alienado, inseguro ou não apreciado. Um líder perspicaz ficará atento aos sinais de desilusão e tomará providências para discutir o problema tão logo seja possível, em grupo ou individualmente.

> "Como consultor administrativo, tenho observado que a maior parte dos meus clientes passa mais tempo falando sobre como lidar com funcionários, chefes, clientes e colegas de trabalho problemáticos do que fazendo qualquer outra coisa."
>
> Robert M. Bramson

O trabalho com pessoas difíceis na equipe

Dar-se bem com os companheiros de equipe é um pré-requisito para um trabalho eficaz. Como para a maioria das pessoas, você precisará somente aderir às regras básicas para que haja alguma interação profissional: ouvir antes de falar, pensar antes de agir e prever as consequências do que fala ou faz. Entretanto, pessoas difíceis testarão ao máximo sua paciência e suas habilidades interpessoais. Lidar eficazmente com um integrante difícil da equipe é uma questão complexa que requer uma grande disposição e reflexão de sua parte.

A única pessoa que você pode verdadeiramente controlar é você mesmo. Como consequência, *você só pode mudar seu próprio comportamento* numa situação em que tem de lidar com uma pessoa difícil. A não ser que opere milagres,

não pode esperar que, sozinho, faça grandes mudanças nas atitudes e comportamentos dessa pessoa difícil. É totalmente irreal esperar que essas pessoas mudem rapidamente; na verdade, você pode se considerar feliz de tê-las por perto para melhorar o seu próprio comportamento. Em seu lugar, tente modificar o que você faz, e não o que elas são!

> "Quando estiver bravo, conte até dez antes de falar; se estiver muito bravo, conte até cem."
>
> Thomas Jefferson

Estratégias de competição

Nada surpreende mais uma pessoa difícil do que ter um adversário que se mantém calmo. É mais fácil ficar calmo e sob controle se planejar com antecedência e se preparar tão cuidadosamente quanto um general indo para o campo de batalha. Paciência é a estratégia mais importante. Outras virtudes que também são valiosas para serem usadas em suas interações diárias com os colegas problemáticos são as seguintes:

- Controle suas próprias respostas saindo de seu papel e assumindo o de uma pessoa objetiva, não pessoalmente envolvida na situação; imagine-se um ator ou atriz no desempenho de um papel no qual precisa manter o comportamento profissional.
- Lembre-se de elogiar o comportamento melhorado ou uma realização. ("Estou contente que você tenha chegado à reunião no horário; isso realmente nos ajudou a ir direto ao assunto e a fazer muitas coisas.")

- Recorra às regras e objetivos determinados da equipe. ("Isso não é só para me agradar, Ralph. As regras da nossa equipe dizem que...")
- Tente mudar sua reação, oferecendo opções ou ajuda, mas não diminua suas expectativas.
- Censure as ações negativas, mas não a pessoa.
- Jamais use sentenças de caráter definitivo. ("Por causa disso, não vou confiar em você nunca mais!")
- Seja um modelo do comportamento que deseja. Tudo o que fizer ou falar mostrará aquilo em que você *realmente* acredita.
- Não tente proteger as pessoas das consequências de seus atos inventando desculpas ou as encobrindo.
- Em situação de conflito, faça concessões partindo daquilo que a pessoa quer para o porquê de seu desejo e, em seguida, tente firmar um acordo.
- Ouça e responda descrevendo o que ouviu, viu, pensou e sentiu usando sentenças com "eu".
- Reconheça a validade dos sentimentos das outras pessoas; mostre empatia sempre que possível.
- Não use um tom condescendente ou humilhante quando falar.
- Preste atenção a indicadores não verbais; às vezes, eles falam mais do que as próprias palavras.
- Reconheça as necessidades mais enraizadas de elogio e reconhecimento que todos têm ao regozijar-se com o sucesso de outros.
- Não espere milagres de um dia para o outro: as pessoas precisam de tempo para mudar.

> "Bom humor torna as coisas mais toleráveis."
>
> Henry Ward Beecher

Tipos de pessoas difíceis

Embora você possa ter a sorte de nunca precisar trabalhar com um integrante de equipe temperamental, mais cedo ou mais tarde a maioria das equipes tem pelo menos uma personalidade que requer tratamento especial. Se você deparar numa equipe, com um integrante difícil, não peça automaticamente uma transferência; ao contrário, avalie atentamente a situação. Identifique o tipo de personalidade que está enfrentando e, deliberadamente, use as técnicas esboçadas aqui. Ao fazer isso, você desenvolverá habilidades interpessoais valiosas sabendo que elas lhe serão úteis tanto em sua vida pessoal quanto profissional. No trabalho, você pode encontrar seis tipos básicos de pessoas difíceis.[4]

AGRESSORES CONTROLADORES. Essas pessoas irritantes agem de modo abertamente hostil e negativo, e, às vezes, cospem insultos verbais ou ameaçam ferir fisicamente. Outro modo comum de agir dessas pessoas é o de insistentemente pressionar para que se concorde em fazer as coisas do jeito delas. Os agressores controladores gostam de intimidar para ter o controle de uma situação.

---

[4] Sam Deep e Lyle Sussman. *What to say to get what you want*. Nova York: Addison-Wesley, 1992, p. 82-87.

Como lidar com agressores controladores:

- Quando possível, tente mantê-los sentados.
- Tente ficar em pé ou sentar-se ao lado, e não na frente deles.
- Ouça até que eles não tenham mais nada a dizer.
- Jamais invada seu espaço pessoal e não tenha contatos físicos (por exemplo, colocar a mão sobre o braço dele).
- Se eles o interromperem, educadamente diga: "Não terminei" e continue falando.
- Evite usar as palavras *você* e *seu* quando estiver discutindo algo negativo.

Vulcânicos. Como a alcunha revela, esses indivíduos são inconstantes e imprevisíveis. Eles acumulam frustração até que, como um vulcão, explodem numa torrente de lágrimas ou esbravejando furiosamente.

Como lidar com os vulcânicos:

- Não os interrompa quando estão desabafando.
- Ajude a acalmá-los antes de tentar raciocinar com eles – ofereça um lenço de papel ou um gole de água.
- Mostre empatia sem recriminar; peça que eles expliquem por que estão se sentindo daquela maneira. Diga algo do tipo: "Sinto muito que essa situação o tenha aborrecido tanto."
- Demonstre preocupação perguntando: "Como posso ajudá-lo?"

Agressores passivos. Esses guerrilheiros nunca confrontam você abertamente, mas procuram se vingar de modo sutil. Imagine que o agrimensor José, um agressor passivo, deliberadamente atrase o fornecimento de medições para a arquiteta Lavínia, que precisava do levantamento físico para finalizar uma proposta arquitetônica. Como não havia meio de provar que ele havia atrasado de propósito, o agrimensor conseguiu fazê-la passar por um grande estresse e pressão quanto a prazos, sem nenhum recurso imediato.

Como lidar com agressores passivos:

- Não deixe que eles brinquem de gato e rato com você. Confronte-os diretamente e force-os a responder fazendo uma pergunta direta como "Você sabia que eu precisava do relatório. Quando percebeu que ia atrasar, por que não me avisou?"
- Deixe claro que espera que eles discutam problemas com você dizendo: "Na próxima vez, espero ser avisado quando houver um problema que afetará minha parte no projeto."
- Se espalharem boatos maldosos, confronte-os em particular, falando de modo direto, mas calmamente: "Ouvi dizer que você falou..."
- Não discuta quando tentarem esconder seus atos ou afirmar que nunca tiveram intenção de prejudicá-lo; você somente quer que entendam que conhece o *modus operandi* deles.

Queixosos constantes. Esses indivíduos constantemente negativos sempre encontram erros e se queixam incessantemente. O que é pior, com frequência eles trazem de volta discussões antigas e ficam remoendo erros passados. Também gostam de culpar os outros pelas próprias falhas.

Como lidar com os constantemente queixosos:

- Ouça o que eles têm a dizer e faça com que se sintam importantes.

- Dê atenção ao que falam, sem necessariamente concordar, dizendo algo descompromissado do tipo "É, eu sei o que você quer dizer".
- Peça a *eles* que façam parte da solução e diga: "O que você sugere?"
- Quando trouxerem o passado de volta, indique que a solução está no presente ou no futuro, conforme o dito popular: "Agora que falamos sobre o passado, vamos deixá-lo de lado. Daí poderemos nos concentrar em descobrir uma solução."

PREGUIÇOSOS. Esses indivíduos concordam com qualquer coisa, mas, geralmente, não fazem nada. Repetidamente eles se comprometem com prazos e concordam com determinadas ações, mas não conseguem cumprir o prometido.

Como lidar com os preguiçosos:

- Tente fazer com que se concentrem na tarefa, definindo claramente o problema para depois estruturar a solução com objetivos específicos e resultados realistas.
- Confira o andamento com frequência para ter certeza de que cumprem realmente o combinado; gentilmente ofereça ajuda ou escreva lembretes quando necessário.
- Deixe claro que conta com eles e confia (mesmo sem confiar) que vão conseguir fazer o trabalho dentro do prazo.
- Elogie-os sempre que trabalharem eficientemente e cumprirem o prazo.

OPOSICIONISTAS DESAFIADORES. Essas pessoas vão contradizer você até mesmo se, simplesmente, afirmar que o sol é brilhante e que o gelo é frio. Eles parecem adorar uma controvérsia e procuram oportunidades para discutir qualquer ponto, não importa quão insignificante. Oposicionistas sentem prazer em fazer o papel de advogados do diabo; desafiadores, gostam de verbalizar o que sentem. Sensíveis, vingativos e facilmente ofendidos, os oposicionistas desafiadores tentam manter você sob controle por meio de intimidações.

Como lidar com os oposicionistas desafiadores:

- Mantenha distância física; fique fora do caminho deles.
- Não se permita entrar numa luta em público por poder. Saia da discussão se eles verbalmente o atacarem; depois, em particular, confronte-os a respeito da situação enfatizando o "eu": "Fiquei muito aborrecido quando você disse que meus gráficos são 'um lixo'. Embora eu sempre queira ouvir sua opinião, gostaria que você verbalizasse sua desaprovação de um modo não tão pernicioso."
- *Jamais* dê ordens, mesmo que tenha autoridade para assim o fazer; fraseie tudo como um pedido ou pergunta: "Será que você pode completar esta parte do projeto até a próxima quarta-feira?" Se a pessoa disser que não, então reformule a sua frase: "Realmente temos pressa; quando você acha que pode terminar?"
- Ofereça opções, pois, assim, eles sentem que estão no controle: "Você precisa da minha ajuda para terminar essas especificações da página da internet antes da próxima reunião ou gostaria de fazer isso sozinho?"

"Atos podem ser modificados até certo ponto, mas a natureza humana não pode ser mudada."

Abraham Lincoln

Quando se tem uma pessoa difícil como integrante da equipe, lute por um objetivo de coexistência pacífica. E lembre-se, sempre, de que a chave de todo o relacionamento humano reside em tratar a todos com respeito, independentemente do modo como eles tratam você.

Recapitulação dos conceitos-chave

- O trabalho em equipe não vem naturalmente para a maioria das pessoas por muitos fatores: socialização, individualismo, segregação de habilidades e de função, inexperiência, medo de tomar decisões e incapacidade para lidar com mudanças.
- Embora uma empresa queira implementar o modelo de trabalho em equipe, pode haver fatores organizacionais que impedem que isso ocorra, tais como: clima empresarial não favorável ou não ético, funcionários que não têm fé na empresa ou em sua missão, ou uma força de trabalho que se sente desamparada pela administração.
- Quando tiver de lidar com uma pessoa difícil, controle suas respostas, ponha seus sentimentos de lado, elogie comportamentos que melhoraram, referindo-se a regras e objetivos estabelecidos, e recriminando as ações negativas, e não as pessoas. Nunca use um tom condescendente ou humilhante e não faça afirmações definitivas.
- Outras estratégias para lidar com pessoas difíceis incluem modelar-se a comportamentos desejáveis, reconhecendo os sentimentos dos outros e respondendo com sentenças que usem a palavra "eu".
- Os seis tipos de pessoas difíceis são: agressor controlador, vulcânico, agressor passivo, queixoso constante, preguiçoso e oposicionista desafiador. Avalie o tipo de personalidade difícil com o qual precisa lidar e use técnicas específicas, adequadas para aquele tipo de personalidade.
- Quando deparar com uma pessoa difícil integrando a equipe, lute por uma coexistência pacífica.

6
Hábitos de equipes eficazes

OBJETIVOS

- Características de equipes eficazes.
- Os perigos da tendência à conformidade.
- Como utilizar resolução de conflitos para benefícios mútuos.
- Como equipes eficazes se comunicam.
- Avaliação da equipe.

> "Progresso é atingido quando as pessoas se importam com o que precisa ser feito mais do que com quem recebe os créditos."
>
> Dorothy Height

Na Divisão de Forjaria da Eaton Corporation, sucesso – tanto para os funcionários quanto para a administração – reside totalmente no trabalho em equipe. Pergunte a qualquer pessoa na fábrica, e ela citará os quatro pilares em que a cultura da empresa se baseia: confiança, respeito, comunicação e envolvimento. O moto cultural da empresa resume sua crença no trabalho em equipe: "Ninguém jamais desiste de um integrante da equipe; uma equipe jamais permite que um integrante desista."[1]

Leva tempo para se desenvolver uma cultura corporativa tão eficaz e mantida pelos esforços coletivos. Uma equipe verdadeira

---

[1] Robin Yale Bergstrom. "Be prepared to be involved". *Automotive Manufacturing & Production*, v. 109, n. 2, 1997, p. 66.

é uma entidade em constante mudança, em que as pessoas se encontram para determinar seus objetivos, avaliar ideias, tomar decisões e trabalhar colaborativamente em direção aos objetivos. Todas as equipes bem-sucedidas apresentam estes traços fundamentais:

- Estabelecem objetivos precisos para que o grupo trabalhe no sentido de atingi-los.
- Fazem um planejamento bem cuidadoso e o executam.
- Comunicam-se livre e honestamente.
- Dominam habilidades e técnicas necessárias.
- Têm um número equilibrado de pessoas.

Além disso, equipes eficazes sabem quando e como discordar. Seus integrantes reconhecem que conflitos fazem parte natural da comunicação e que discordâncias mantêm o grupo pensando criticamente.

"O modo como um time age é o que determina seu sucesso. Você pode ter o melhor grupo de craques do mundo, mas, se eles não trabalharem em conjunto, o clube não vale um centavo."

Babe Ruth

Características de equipes eficazes

Equipes eficazes apresentam seis fatores-chave:

1. **OS INTEGRANTES COMPARTILHAM OBJETIVOS COMUNS E TRABALHAM COLABORATIVAMENTE PARA ATINGI-LOS.** Integrantes de um grupo trabalham com sua capacidade máxima quando veem seus objetivos e funções como desafiantes, significativos e interessantes. Esses objetivos e tarefas requerem interdependência e uma variedade de habilidades e especialidades para ajudar os integrantes da equipe a reconhecer a importância de seus *inputs*.
2. **OS INTEGRANTES COMUNICAM-SE ABERTAMENTE E COM FREQUÊNCIA.** Equipes bem-sucedidas gastam cerca de 60% a 70% de seu tempo falando sobre objetivos e tarefas. Em grupos que se comunicam eficazmente, entre 15% e 20% de todos os enunciados denotam apoio e encorajamento. O restante das afirmações expressa discordância ou se concentra em assuntos não relacionados à tarefa. Se a proporção dessa divisão varia muito entre essas médias, diminuem as chances de sucesso da equipe.[2]
3. **OS INTEGRANTES MOSTRAM UMA ATITUDE DE INCLUSÃO E USAM PRONOMES COMO *NÓS*, *PARA NÓS* E *NOSSO* EM VEZ DE *EU*, *PARA MIM* E *MEU* AO DISCUTIR AS REALIZAÇÕES DA EQUIPE.** O que realmente distingue o trabalho feito em equipes daquele simplesmente feito por colegas é o sentimento do "nós" que os integrantes de uma equipe têm uns pelos outros.[3]

---

[2] Susan A. Wheelan. *Creating effective teams: a guide for members and leaders.* Thousand Oaks: Sage Publications, 1999, p. 58.

[3] Joseph Weiss. *Effective team building.* Watertown: American Management Association Press, 1989, p. 11.

> "Nada gera mais autorrespeito entre funcionários do que ser incluído no processo de tomada de decisões."
>
> Judith M. Bardwick

4. **Os integrantes compartilham liderança por meio de esforços combinados para a solução de problemas.** Uma vez que uma organização adota um modelo de trabalho em equipe, é a própria equipe que delega tarefas, o que faz com que os funcionários abordem o trabalho com mais entusiasmo e comprometimento. Quando apresentada a um projeto complexo, a equipe decide como dividir a tarefa em fases e, em seguida, delega cada parte para seus diferentes integrantes. A maioria deles se oferece para fazer a parte na qual têm mais habilidade, experiência ou interesse. Se dois integrantes querem a mesma tarefa, eles decidem entre si. A equipe deve estabelecer um sistema equitativo para distribuir partes difíceis ou desagradáveis que ninguém quer.

5. **Os integrantes apresentam altos níveis de confiança e cooperação.** Os integrantes da equipe desenvolvem uma atmosfera de honestidade e camaradagem por terem passado por conflitos e os terem resolvido em conjunto. Na Divisão de Forjaria da Eaton Corporation, as equipes continuamente demonstram confiança e respeito mútuos. O trabalho que executam é quente, sujo e, se feito incorretamente, perigoso. Para cada prensa de forjar, há três integrantes fazendo rodízio de posições a cada hora, cada um conhecendo a função do outro tão perfeitamente que operam como uma entidade única. Cada um desses integrantes tem fé absoluta nos outros dois.

6. **INTEGRANTES CONSIDERAM CONFLITOS UMA PARTE SAUDÁVEL E NECESSÁRIA DA INTERAÇÃO DO GRUPO.** Conflito é uma parte natural da interação humana. A ausência de conflitos resulta numa condição chamada de tendência à conformidade. Em algum ponto entre a tendência à conformidade e a discordância total, reside o equilíbrio adequado do conflito. Os grupos precisam lutar por essa boa quantidade de controvérsia.

"Duas cabeças funcionam melhor do que uma somente quando elas oferecem opiniões diferentes."

Kenneth Kaye

Tendência à conformidade

Primeiramente identificada por Irving Janis, a tendência à conformidade é um fenômeno bem documentado que os integrantes precisam evitar cuidadosamente. Isso ocorre quando um grupo se esforça para minimizar conflitos à custa de análise e avaliação críticas. A tendência à conformidade ocorre quando os integrantes de uma equipe se esforçam tanto para se dar bem que nunca discordam uns dos outros, resultando numa estagnação de ideias. As equipes que tendem a ter esse tipo de problema mostram intolerância com aqueles integrantes que não concordam com o grupo, rotulando-os de causadores de problemas, simplesmente, porque suas opiniões diferem.

"Quando há pouca discordância construtiva, uma organização se embala na complacência."

Richard Pascale

Infelizmente, uma equipe atolada nas dificuldades da tendência à conformidade raramente reconhece seus problemas. Uma característica importante da tendência à conformidade é que os integrantes da equipe concordam incondicionalmente com o líder, mas, sempre que os membros de um grupo acreditam na infalibilidade de seu líder, a equipe está em território perigoso. Se sentir que seu grupo está escorregando nesse sentido, peça que uma pessoa de fora participe das reuniões. Provavelmente essa pessoa poderá identificar os comportamentos contraproducentes mais prontamente do que um integrante da equipe ou o líder.

Outras sugestões para reduzir as possibilidades de ter tendência à conformidade incluem:

- Pedir a um membro do grupo que, deliberadamente, desempenhe o papel de advogado do diabo.
- Escolher um integrante para que indique as ramificações negativas de qualquer sugestão dada.
- Estimular pensamento crítico e independente.
- Avaliar a qualidade de cada ideia por seu próprio valor, e não pelo crédito que se dá à pessoa que faz a sugestão.
- Discordar quando perceber um obstáculo inesperado na sugestão proposta ou quando souber de um impedimento importante para a solução aceita.

"Um conflito em si não é bom nem mau. No final, o que realmente importa é como reagimos a ele."

Brian Muldoon

Resolução de conflitos para benefícios mútuos

Equipes que trabalham eficazmente admitem o conflito, confrontam sua fonte e o resolvem. Pesquisas mostram que equipes produtivas têm períodos curtos, porém frequentes, de conflito.[4] Esses conflitos são breves porque equipes eficazes estabelecem estratégias de gerência para eles. Em qualquer relacionamento humano, a liberdade em discordar sem temer rejeição ou reprimenda aumenta o sentimento de confiança; desse modo, a resolução bem-sucedida de um conflito desenvolve a confiança entre os integrantes da equipe. Envolver-se em um conflito com alguém e "resolver o problema" pode ser empolgante: gera uma experiência compartilhada por todos e um sentido de segurança, o que favorece o desenvolvimento de um nível profundo de confiança.

"Diferenças genuínas frequentemente são um sinal saudável de progresso."

Mahatma Gandhi

Equipes precisam permitir que haja atritos. Conflitos funcionam como uma parte importante, e útil, da comunicação do grupo e só prejudica ao transformar-se em um ataque pessoal. No entanto, muitas pessoas não têm habilidade para resolver conflitos, pois estes são vistos como uma situação em que podem "vencer", e a outra pessoa "perder". Os que acreditam em

---

[4] Susan A. Wheelan. *Creating effective teams: a guide for members and leaders*. Thousand Oaks: Sage Publications, 1999, p. 46.

resolução de conflitos para benefícios mútuos reconhecem que ambos os lados precisam ganhar algo de valor, e os dois partidos precisam perceber no final que o resultado não vai ser uma vitória ou uma perda completa para nenhum deles. Os integrantes de uma equipe precisam aprender os cinco passos do processo de resolução de conflitos com benefícios mútuos:

1. **Reconhecer que ambos os lados podem vencer.** Os conflitos ocorrem quando duas ou mais pessoas acreditam que podem ter mutuamente objetivos ou valores exclusivos. Cada pessoa acredita que aquilo que quer é totalmente compatível com o que os outros querem. Na maioria dos casos, isso simplesmente não é verdade, e um meio-termo precisa ser encontrado.
2. **Ter discussões face a face.** Discussões face a face permitem que os dois lados observem as expressões faciais e a linguagem corporal uns dos outros. Depois da costumeira conversa inicial, vá direto ao assunto, sem expressar emoções. Não assuma que a outra pessoa saiba sobre o que você fala; ofereça exemplos específicos usando sentenças com "eu", como "Quando eu ouvi você dizer... eu me senti..."
3. **Determinar a verdadeira causa do conflito.** Os dois lados envolvidos devem tentar identificar quaisquer questões subjacentes; problemas vão se repetir se não forem atacados pela raiz. Se as pessoas envolvidas estiverem muito sensíveis em relação ao conflito, um mediador que não esteja envolvido pode ajudar com a negociação. Cada pessoa escreve o que espera que a outra faça, inclui uma ou mais opções razoáveis e as entrega para o mediador. Depois que este examina o posicionamento de cada lado, reúne as pessoas envolvidas para a negociação.

4. **Discutir possíveis soluções.** Os dois lados precisam demonstrar empatia e flexibilidade. Como o acordo é essencial, ambas as partes muito provavelmente terão de fazer concessões. Devem, em seguida, marcar outra data para ter uma conversa de acompanhamento.

5. **Não falte à reunião de acompanhamento!** Essa conversa particular assegura que o acordo será cumprido e assim o problema não voltará à tona. Se nela os dois lados reconhecem que a solução encontrada não funciona adequadamente, eles precisam voltar ao Passo 4.

Infelizmente, nem todo conflito pode ser resolvido. Quando estratégias para a resolução de problemas falham várias vezes, indica que, talvez, não seja possível resolver o conflito. Quando isso acontece, os integrantes da equipe devem se conformar com a divergência e se concentrar em passar para uma área do conflito sobre a qual há mais chances de alcançar um acordo.

Comunicação eficaz das equipes

O trabalho em equipe não pode existir sem comunicação. Comunicação adequada somente existe numa atmosfera de aceitação verdadeira. Os dois extremos da falta de comunicação que causam ineficiência são: conflito contínuo em que nada é resolvido, e todos são "bonzinhos" demais para desafiar as ideias dos outros. O desempenho de equipes bem-sucedidas requer que as pessoas discordem verbalmente das ideias das outras, bem como contribuam com sugestões e as apoiem. Para que haja comunicação significativa e produtiva, os integrantes da equipe precisam lidar uns com os outros de maneira *franca*, *respeitosa* e *receptiva*.

- Os integrantes da equipe contribuem com a comunicação se forem francos.
- Quando necessário, compartilham críticas construtivas em particular, sem usar tom condescendente ou humilhante.
- Discordam de ideias de forma diplomática.
- Determinam responsabilidades de modo que cada integrante saiba exatamente qual é a sua parte.
- Os integrantes da equipe reforçam a comunicação sendo respeitosos.
- Reconhecem a validade dos sentimentos de um colega, sem necessariamente concordar. ("Entendo por que está se sentindo assim.")
- Não fazem exigências ou dão ordens; ao contrário, pedem sempre gentilmente.
- Pensam nos integrantes da equipe como clientes da empresa e os tratam como tais.
- Integrantes de equipe melhoram a comunicação se forem receptivos.
- Não assumem uma atitude defensiva se um colega de equipe oferece crítica construtiva.
- Procuram pontos em comum. Pode você concordar com alguma parte do que a outra pessoa está dizendo?
- Sempre ouvem antes de falar e preveem as consequências de seus atos.

"Somente por meio da aliança de trabalho de uma pessoa com outra é que nascem grandes coisas."

Antoine de Saint-Exupéry

Avaliação do progresso da equipe

Uma boa equipe precisa se manter competitiva e dinâmica. Para isso, é preciso rever o progresso alcançado em intervalos frequentes e fazer com que os integrantes analisem seu desempenho em relação aos objetivos e com isso identifiquem áreas em que o trabalho precisa melhorar. Isso ajuda as equipes a descartar procedimentos ineficazes, reduzir custos e justificar a contratação de funcionários adicionais. Avaliações também oferecem um incentivo para o progresso futuro induzindo as equipes bem-sucedidas a examinar seus métodos e equipamentos de trabalho para decidir se ainda são viáveis.

As equipes precisam examinar o que foi bem-feito e o que podem fazer melhor. Embora a última coisa que as pessoas queiram é passar uma reunião inteira a cada seis semanas discutindo como o grupo está funcionando, estudos têm mostrado que esse uso do tempo é extremamente importante.[5]

RECAPITULAÇÃO DOS CONCEITOS-CHAVE

- Equipes eficazes têm integrantes que compartilham objetivos e liderança comuns, comunicam-se bem, trabalham colaborativamente, têm uma atitude inclusiva, confiam uns nos outros e aceitam conflitos internos como naturais e necessários.
- Uma condição prejudicial chamada tendência à conformidade ocorre quando todos os integrantes da equipe se esforçam tanto para evitar conflitos que jamais discordam. A tendência à conformidade torna a equipe ineficiente, por isso, os grupos devem evitar essa mentalidade.

---

[5] Ibidem, p. 35.

- Equipes de alto desempenho aproveitam o mútuo benefício na resolução de conflitos ao solucionar desacordos. Elas aceitam que ambos os lados devem vencer e, consequentemente, negociam um termo comum.
- Na resolução de conflitos com benefícios mútuos, as partes envolvidas fazem um acordo depois de se reunir particularmente para discutir as causas subjacentes do conflito e as possíveis soluções. A fim de evitar que os problemas reapareçam, uma conversa de acompanhamento é marcada para assegurar que o plano funciona.
- Equipes eficazes medem o progresso e o desempenho de acordo com seus objetivos aproximadamente a cada seis semanas. Elas usam os resultados de sua avaliação para capitalizar os pontos fortes e melhorar os pontos fracos.

7
Reuniões eficazes de equipe

OBJETIVOS

- Participação em reuniões eficazes.
- Os papéis da equipe em reuniões eficazes.
- Um modelo de solução de problemas que obtém resultados.
- Discordando e atacando comportamentos.
- O papel do consenso na tomada de decisões.
- A importância das minutas de reunião.

> "Por que não há conflitos nesta reunião? Algo está errado quando não há conflitos."
>
> Michael Eisner

Reuniões podem representar uma perda de tempo em qualquer organização. Podem levar a sessões de provocação em que a única coisa que se consegue é aumentar a pressão arterial das pessoas. Contudo, reuniões planejadas e executadas adequadamente podem levar a resultados dinâmicos, como um pensamento novo e soluções inovadoras de problemas. Numa reunião produtiva as coisas acontecem. A opinião de todos é ouvida, decisões são tomadas, o consenso é alcançado e as tarefas são distribuídas. O formato eficaz para tal tipo de reunião é o seguinte:

- Antes de marcar a data, o líder da equipe distribui a pauta e verifica se todos os apresentadores estão preparados.
- Durante a reunião, todos os participantes compartilham *inputs*, ouvem atentamente os outros, resumem o que é dito e impedem que a reunião saia dos trilhos atendo-se aos tópicos.
- No final da reunião o líder da equipe sumariza a distribuição das tarefas, reiterando quem concordou em assumi-las.

A fim de estabelecer um tom produtivo em toda a empresa, os organizadores deveriam conduzir somente reuniões essenciais, e cada integrante da equipe deveria participar tendo em mãos todos os fatos, dados e documentação relevantes. Idealmente, as reuniões de equipe devem ocorrer pelo menos uma vez por semana e durar não mais do que 75 minutos.

Papéis essenciais em reuniões eficazes

Reuniões produtivas têm integrantes de equipe que assumem os seguintes papéis distintos e desempenhados rotativamente sempre que possível: líder, controlador de tempo, relator e mediador.

- O *líder* estabelece e percorre os assuntos da pauta. Mantém os participantes atentos, chamando-os gentilmente de volta sempre que eles se desviam do assunto da discussão e faz com que se concentrem no progresso da reunião. Por exemplo, durante uma sessão de *brainstorming*, ele impede que as pessoas imediatamente comecem a avaliar as ideias.

O líder reconhece quando pontos menores, mas importantes, são levantados e os anota para discussão futura.

- O *controlador de tempo* olha no relógio e menciona que o tempo está correndo. Por exemplo, "Para mantermos a reunião dentro do horário, precisamos de fato encerrar dentro dos próximos cinco minutos". Muito raramente a equipe deve estender o tempo combinado da reunião e só quando isso for realmente necessário para atingir os resultados desejados.
- O *relator* produz um registro por escrito da reunião. Embora possa utilizar um laptop ou um gravador para essa tarefa, a maioria dos grupos prefere ter a informação no papel para que todos possam acompanhar o que está sendo falado. O relator deve anotar todas as sugestões feitas e detalhar os prós e contras levantados no debate a respeito de cada proposta.
- O *mediador* sabe que os integrantes da equipe que contribuem nas reuniões e oferecem opiniões são os que mais tendem a manter o comprometimento e a motivação. Assim, o mediador encoraja todos a participar fazendo perguntas para motivá-los: "Arnaldo, como você resolveria esse problema?" ou "Ling, o que você acha disso?", ou "Como você acha que o grupo deve proceder, Abdul?" O mediador também encoraja os colegas de equipe a se arriscar fazendo com que usem ideias inovadoras e *brainstorming*.

As melhores reuniões ocorrem quando os colegas de equipe:

- Estabelecem quem assumirá os papéis de líder, controlador do tempo, relator e mediador.
- Corcordam com os objetivos da reunião e, em seguida, decidem como vão atingi-los, geralmente, via *brainstorming*.

- Deliberadamente envolvem os integrantes que hesitam ou os tímidos na conversa.
- Ouvem atentamente o que os outros dizem, resumem o que foi dito e fazem perguntas para esclarecer dúvidas.
- Usam bem o tempo, evitam digressões e conversas paralelas.
- Empregam técnicas de resolução de problemas e conflitos para chegar a um consenso.

"Problemas não passam de oportunidades vestidas de roupa de trabalho."
Henry J. Kaiser

Procedimentos para resolução de problemas

O modo de resolver problemas de uma equipe tem um impacto significativo em suas realizações gerais. Equipes de alto desempenho assumem uma atitude proativa em relação aos problemas, experimentando maneiras novas de fazer as coisas, pesquisando e implementando as melhores práticas utilizadas por outras equipes, e resolvendo problemas independentemente. Um modelo bem-sucedido de solução de problemas tem muito em comum com o método científico. Os seis passos são os seguintes:

1. **IDENTIFICAR E ESCLARECER O PROBLEMA.** Para resolver um problema, todos os integrantes da equipe precisam entender completamente as questões envolvidas. Suponha que uma equipe educacional de apoio, composta de diretor, orientador, psicólogo, professor de excepcionais, especialista em leitura, fonoaudióloga e professora de classe, se reúna para discutir sobre uma criança que está causando sérios problemas na sala de aula. Primeiro, a professora de classe identifica o problema: "Tommy

não age bem na sala de aula. Não faz os exercícios dados, não participa das aulas, e seu comportamento tem interferido no aprendizado de seus colegas." Esse é um bom ponto de partida, mas agora a equipe pede esclarecimentos sobre seu comportamento. A professora esclarece: "Ele se encolhe debaixo da mesa no fundo da sala por longos períodos, saindo de lá somente para ir ao banheiro. Já tirei a mesa para ver se ajudaria, mas ele começou a se esconder debaixo da carteira. Quando algum adulto ou mesmo outra criança se aproxima, Tommy cobre os ouvidos com as mãos e começa a gritar. Ele não interage com as outras crianças; nos intervalos se senta em um canto do parquinho e fica arrancando punhados de grama. Seus colegas de classe começaram a evitá-lo."

2. **ANALISAR A RAIZ DO PROBLEMA.** Esse passo é crucial. Em nosso exemplo, a professora esboçou intervenções anteriores, incluindo adaptações de ensino e do ambiente, uma avaliação feita por um psicólogo, sessões individuais com um orientador e diversas reuniões com os pais. No caso de Tommy, parece haver um problema mental ou emocional, subjacente, que requer um diagnóstico médico.

3. **FAZER UM *BRAINSTORMING* DE SOLUÇÕES.** Durante o *brainstorming*, nenhuma ideia é descartada, mesmo que seja incomum, pareça impraticável ou tenha custo proibitivo. *Todas* as ideias são anotadas para reflexão e discussão posteriores. O objetivo por trás do *brainstorming* é um fenômeno psicológico conhecido como ativador de ideias, o que significa que qualquer uma, mesmo que absurda, pode evocar outras

mais plausíveis nas mentes de outros participantes. Como todos podem se expressar livremente sem medo de críticas, o *brainstorming* produz um número grande de ideias. A equipe de apoio educacional levantou a seguinte lista de possibilidades no caso de Tommy:

- Fazer com que Tommy seja avaliado por um psiquiatra ou pediatra por conta da secretaria municipal de educação.
- Tirá-lo da escola e pagar um acompanhamento domiciliar.
- Tirá-lo da sala de aula e oferecer um acompanhamento individual na escola.
- Tirá-lo da sala de aula e fazer com que a secretária da escola fique com ele o dia todo, até que a causa médica possa ser determinada.
- Colocá-lo em um programa de tratamento exclusivo para crianças com distúrbios mentais.
- Suspendê-lo da escola indefinidamente, até que uma alternativa seja encontrada.
- Matricular Tommy numa sala independente de educação para alunos com necessidades especiais.
- Permitir que ele permaneça na sala de aula, mas pedir que uma professora com conhecimento nesse tipo de situação dê sugestões à professora de como lidar com ele.
- Deixar Tommy na sala de aula e ter uma assistente que passe o dia todo com ele debaixo da mesa, até que Tommy se sinta mais confortável no ambiente de sala de aula.

4. **SELECIONAR A MELHOR ALTERNATIVA DEPOIS DE DISCUTIR OS PRÓS E CONTRAS DE CADA UMA.** Todas as ideias são avaliadas pela equipe. Seus integrantes discutem abertamente cada alternativa, incluindo se são práticas, plausíveis e se têm ramificações em potencial. Nesse ponto, a equipe elimina algumas opções

em virtude das limitações causadas pelo custo, rapidez de execução ou previsão de resistência por parte dos pais. Nesse caso em particular, em razão do fato de a responsabilidade primária por Tommy ser dos pais, a equipe não tem autoridade para tomar decisões oficiais definitivas. Ela decide oferecer aos pais três alternativas para ver qual eles preferem.

5. **DISTRIBUIR AS AÇÕES NECESSÁRIAS ENTRE OS INTEGRANTES DA EQUIPE.** Os integrantes da equipe precisam aceitar a responsabilidade de executar a solução escolhida. Por exemplo, "Malcolm se reunirá com os pais nesta semana para discutir as três alternativas e para conseguir que assinem a autorização para a avaliação médica".

6. **ESTABELECER PRAZOS FINAIS E AVALIAR OS RESULTADOS.** Isso faz com que os integrantes da equipe se responsabilizem e garantam que vão proceder como combinado. "Vamos nos reunir novamente na próxima quarta-feira, às 15 horas, para rever as opções tendo em mente as preferências dos pais. Enquanto isso, LaToya entrará em contato com os pais para notificá-los de que, a partir de amanhã, Tommy terá acompanhamento particular na escola." Embora o prazo final seja na próxima quarta-feira, os resultados não podem ser avaliados até que Tommy tenha passado várias semanas na sua nova situação. Depois da discussão das possibilidades com os pais de Tommy, outras reuniões de acompanhamento precisarão ser determinadas.

Esse procedimento de solução de problemas oferece uma estrutura ideal, pois resolve questões de maneira rápida e eficaz. Seguindo esse modelo, um grupo pode trabalhar com problemas difíceis de maneira lógica, sem envolvimento emocional.

"Critique as ideias; nunca as pessoas que as produziram."

Anônimo

Discordando durante os debates

Sempre ocorrerão discordâncias no funcionamento comum de uma equipe, pois sem elas é mais fácil cair na tendência à conformidade. As diferenças de opinião encorajam a modificação prática de ideias, a identificação de fraquezas inerentes a uma sugestão e a proposta de opções adicionais. As discordâncias levantam objeções às sugestões de um participante. Uma pessoa que discorda contribui com a discussão, pois se concentra na questão, comportando-se racionalmente e evitando usar as palavras *você* ou *vocês*. A discordância pode soar mais ou menos assim:

- "Não tenho certeza de que isso seja exato. Afinal, os dados mostram…"
- "Não acho que isso vá resolver essa situação, pois…"
- "Não concordo com isso porque…"

Discordar nunca deve incorrer em ataques difamatórios. Atacar significa fazer um julgamento carregado de valores, dizendo algo acusador ou chamando um integrante da equipe de algo negativo, sendo que tudo isso provoca reações emocionais e defensivas. Quem ataca se distancia da questão e se concentra na pessoa, rapidamente se torna irracional e com frequência usa palavras como *você* ou *vocês*. Um ataque pode soar mais ou menos assim:

- "Você nunca tem nada bom para dizer?"
- "Esse erro poderia ter sido evitado se você…"
- "Por que você sempre insiste na mesma questão?"

Discordar pode ser benéfico, mas atacar pode ser fatal. Pesquisas têm mostrado que, mesmo quando ocorrem muitas discordâncias numa reunião, as pessoas percebem-se envolvidas. Além disso, as pessoas sentem-se alienadas quando o comportamento atacado ocorre durante uma reunião.[1] Uma vez que o comportamento atacado causa reações emocionais, os membros da equipe têm mais dificuldade em tomar decisões lógicas e racionais. Além disso, atacar comportamentos reduz severamente as possibilidades de levantar ideias novas. Os integrantes não contribuirão com propostas novas nesse tipo de ambiente. Também vão se lembrar do ataque e de suas repercussões negativas por muito tempo.

"O alvo da argumentação ou debate não deve ser a vitória, mas, sim, o progresso."

Joseph Joubert

Tomada de decisão pelas equipes eficazes

Trabalho em equipe significa tomar decisões. No início, as equipes devem tomar somente decisões simples, até que comecem a entender o processo e se tornem mais confortáveis com ele.

---

[1] *Leadership Through Quality*. Rochester: Multinational Customer and Service Education Reprographic Business Group, Xerox Corporation, 1990, p. 16.

À medida que as equipes se tornam mais sofisticadas, elas podem expandir seus limites e assumir decisões cada vez mais complexas. Tomar uma boa decisão é somente uma das três partes do processo de resolução de problemas.

1. **IDENTIFICAR TODAS AS ALTERNATIVAS.** Isso é geralmente feito por meio de *brainstorming* que gera ideias rapidamente. O *input* criativo de todos em tais sessões sempre será maior do que o obtido quando se trabalha individualmente. Como críticas matam a criatividade, todas as ideias são anotadas durante uma sessão de *brainstorming* – mesmo que estejam totalmente fora de cogitação.
2. **AVALIAR CADA ALTERNATIVA.** Por meio de discussões abertas e de discordâncias, considere todos os pontos positivos e todos os negativos de cada sugestão levantada. Classifique as ideias em ordem decrescente, da mais para a menos viável; em seguida, elimine aquelas que estão no final da lista.
3. **SELECIONAR A MELHOR OPÇÃO.** O melhor modo de escolha é quando se consegue obter um consenso. Isso não significa aprovação unânime ou concordância total; significa aceitação total. Com o consenso, os integrantes da equipe comprometem-se com a decisão, mesmo que não concordem totalmente com ela; *não significa* que todos do grupo gostam da decisão. Todos precisam se sentir confortável o suficiente para *apoiar* a decisão. Ocorre consenso quando cada integrante pode honestamente dizer: "Ouvi o que você disse e entendo sua posição; acredito que você tenha ouvido o que eu tinha a dizer e que entende o meu ponto de vista. Quer prefira essa decisão ou não, eu a apoiarei, pois, chegamos a ela de um modo justo."

> "É muito importante que, numa reunião, se chegue a uma conclusão unânime; a conclusão não deve deixar ninguém frustrado ou insatisfeito, pois isso enfraquece... a unidade e a solidariedade."
>
> Chie Nakane

Orientação para chegar a consenso

Chegar a um consenso pode ser uma tarefa árdua, mas é crucial, pois, se a decisão for tomada por uma votação majoritária, significa que a minoria perde. Você pode ajudar sua equipe a chegar a um consenso seguindo as sugestões a seguir:

- Ver as diferenças de opinião como naturais e úteis em vez de problemáticas.
- Enquanto um integrante fala, ouça atentamente a opinião dele em vez de formular seu próximo argumento.
- Durante as discórdias, esclareça os pontos que foram entendidos erroneamente e promova um sentimento de coesão usando pronomes grupais (*nós, para nós, nosso*).
- Mantenha a mente aberta – você pode não gostar dessa decisão, mas pode viver com ela.
- Evite mudar de ideia simplesmente para escapar de conflitos com integrantes da equipe.
- Evite técnicas de redução de conflito como voto da maioria, média, negociação ou cara ou coroa.
- Não espere um acordo rápido; leva tempo para se chegar a um verdadeiro consenso.

Como o equilíbrio entre deixar que todos expressem suas opiniões e atingir o consenso é delicado, nos estágios iniciais a equipe pode levar um tempo muito longo para tomar uma decisão.

Consequentemente, algumas equipes inexperientes abandonam o processo e revertem ao líder a tomada de todas as decisões. Embora a equipe possa inicialmente ficar frustrada com seus esforços para chegar a um consenso, um líder experiente resistirá ao apelo para servir como um árbitro. Pesquisas têm firmemente estabelecido que a tomada de decisão por consenso resulta em mais qualidade e mais comprometimento das pessoas envolvidas, além de um potencial mais alto de sucesso. Isso explica por que a tomada de decisão por consenso é a forma preferida por quase todas as empresas japonesas e escandinavas.[2]

A equipe não toma todas as decisões

É importante para o moral do grupo que as pessoas de fora o reconheçam como uma entidade, trazendo questões e pedidos para toda a equipe, e não para os integrantes separadamente. Sempre que um compromisso para implementar uma decisão for importante ou exigir criatividade, as pessoas envolvidas devem oferecer *input* e a decisão deve ser do grupo. No entanto, mesmo em um ambiente de equipe, esta não precisa tomar todas as decisões; às vezes, um supervisor precisa agir independentemente. Essas decisões tomadas pelo líder da equipe ou outro gerente, sem necessariamente obter o *input* dos seus integrantes, incluem questões menos importantes e políticas, bem como decisões estratégicas em que os integrantes do grupo não vislumbram o quadro completo.[3]

---

[2] Andrew DuBrin. *The complete idiot's guide to leadership*. Nova York: Simon-Schuster Macmillan, 1998, p. 205.
[3] Ibidem.

Depois da reunião

Depois de uma reunião, todos os integrantes da equipe devem receber uma minuta via e-mail ou memorando assim que for possível. A minuta deve incluir as ações e seus detalhes específicos, tais como quem vai fazer o quê, quando e como. A distribuição das tarefas feita por escrito não deixa margem à confusão e à discórdia a respeito das responsabilidades, além de manter todos atentos às suas obrigações. Geralmente a tarefa de preparar a minuta é do relator. Se você tem a responsabilidade de gerar essa documentação, lembre-se de que ela precisa ser significativa para todos os membros, especialmente para aqueles que não compareceram à reunião. Inclua toda a informação essencial e útil. Formate a minuta usando negrito, itálico, subtítulos, maiúsculas e marcadores de modo que o leitor possa facilmente localizar um determinado item.

Recapitulação dos conceitos-chave

- As equipes devem ter uma reunião equilibrada, envolvendo a participação de todos.
- Numa reunião produtiva, os integrantes da equipe assumem os papéis de líder, controlador do tempo, relator e mediador; papéis estes que não devem ser acumulados.
- Os grupos devem seguir um procedimento de resolução de problemas para identificar eficientemente sua raiz, realizar *brainstorming* de possíveis soluções criativas, escolher a melhor alternativa e distribuir ações aos integrantes.
- Discórdias levam a equipe a considerar todas as ramificações de uma decisão. A discórdia é proveniente das deficiências de uma ideia ou sugestão.
- Atacar um comportamento pode prejudicar irrevogavelmente uma equipe, o que é diferente de discordar, pois o ataque concentra-se nas deficiências observadas em um integrante.

- Equipes devem seguir um processo de tomada de decisão para atingir o consenso. Chegar a um consenso é melhor do que ganhar por voto da maioria, pois todos se comprometem com ele.
- Chegar a um consenso não significa que todos gostam da decisão; significa que todos vão apoiá-la.
- Minutas devem ser distribuídas a todos os integrantes da equipe como um registro oficial da reunião e para assegurar que todas as ações realmente ocorrerão.

8
Liderança de equipe

Objetivos

- Como funcionam equipes autogerenciadas.
- O papel do líder da equipe.
- Características de um líder habilidoso.
- Responsabilidades do líder numa reunião de equipe.
- Tipos de premiação.
- Premiações individuais e em grupo.

> "O chefe não é mais aquela pessoa responsável pela supervisão dos detalhes de seu trabalho, mas sim o treinador, apoiador, mentor e amigo."
>
> Sir John Harvey-Jones

Líderes em um ambiente de equipes não funcionam do mesmo modo que os líderes em um ambiente tradicional de trabalho. Como muitas equipes produtivas gerenciam a si mesmas, o papel do líder assemelha-se mais ao de um técnico de futebol do que de um supervisor convencional. Algumas responsabilidades administrativas que as equipes geralmente assumem incluem:

- Planejar no longo prazo e estabelecer prioridades
- Estabelecer cronogramas e prazos finais
- Assegurar e alocar recursos necessários
- Coordenar atividades com outros funcionários e equipes

- Estabelecer um padrão de qualidade.
- Avaliar produtividade.
- Tomar medidas preventivas e corretivas quando necessário.
- Fazer rodízio de tarefas.
- Solucionar problemas e resolver conflitos.
- Providenciar *input* para avaliações de desempenho.
- Recrutar, empregar, disciplinar, premiar e dispensar funcionários.

> "Empresas implementam equipes de modo que os funcionários possam se autogerenciar e produzir sem necessidade de dizer o que tem de ser feito."
>
> Mary Albright e Clay Carr

Equipes autogerenciadas

Uma equipe autogerenciada, também conhecida como equipe autodirigida, é essencialmente um grupo bem treinado de funcionários responsáveis por realizar uma tarefa completa. Pelo fato de as equipes autodirigidas serem altamente independentes, elas em geral, existem em organizações que já eliminaram as camadas administrativas intermediárias. Uma equipe autogerenciada assume a responsabilidade total por suas próprias ações, o que permite a seus integrantes desenvolver qualidades de liderança e ganhar nova percepção, habilidades e experiência. Essas equipes geram um nível mais profundo de comprometimento dos funcionários, pois seus integrantes têm poder de

decisão que os afeta – incluindo salário, avaliações de desempenho, padrões de qualidade e valorização pessoal. Equipes autodirigidas geralmente interagem com os clientes, vendedores e fornecedores; estabelecem quotas de produção e objetivos de desempenho; compram equipamentos e suprimentos necessários; proporcionam treinamento; preparam orçamentos; e até conduzem avaliações de desempenho.[1]

Os funcionários geralmente respondem bem a esse tipo de autonomia em todas as áreas; assim, os integrantes de equipes autogerenciadas adquirem um forte sentimento de posse e orgulho em relação às suas realizações. No entanto, equipes autogerenciadas podem causar tanto estresse psicológico no gerente quanto um adolescente de 16 anos, quando começa a dirigir, nos seus pais. Como tutor, um gerente precisa observar de fora e permitir que a equipe tome decisões e cometa erros, oferecendo ajuda somente quando esta for requisitada. O gerente precisa dar oportunidade para que uma equipe autogerenciada saiba que pode *sempre* pedir ajuda quando necessário.

O Centro Médico da Universidade de Michigan tem uma equipe autogerenciada que opera e mantém uma imensa rede de computadores. Esse grupo de dez pessoas estabelece os próprios horários, contrata funcionários, administra o orçamento, toma providências para o próprio treinamento e assegura o bom funcionamento hospitalar. Com esse exemplo, tem-se a ideia de que equipes de autogerenciamento assumem totalmente a função do administrador, mas não é isso que acontece. Só em circunstâncias raras uma equipe atinge sucesso na ausência de um

---

[1] C. Herbert Shivers. "Self-directed work teams: development and safety performance". *Professional Safety*, jul. 1999, p. 35.

líder inteligente e respeitado. Mesmo que uma equipe se autogerencie, geralmente ela tem um líder, preferencialmente alguém escolhido por seus próprios integrantes.

"A função básica do líder é energizar, coordenar e enfocar as capacidades do grupo a fim de atingir o objetivo da equipe."

Douglas Gordon

O papel de um líder de equipe

O líder é o integrante da equipe que enfoca a atenção, organiza o trabalho e coordena as atividades. Essa pessoa, geralmente, obtém recursos, mantém o registro e encoraja o envolvimento de cada participante. Os líderes de equipe frequentemente passam o tempo antecipando problemas, treinando funcionários, na ajuda à implementação de mudanças, monitorando *benchmarks* [desempenho] e fazendo com que as pessoas se responsabilizem por suas ações. No entanto, assim como um ambiente de trabalho de equipe difere de um tradicional, o papel do líder de equipe também difere do supervisor tradicional.

"O chefe dirige seus funcionários; o líder os treina."

H. Gordon Selridge

Em um ambiente de trabalho em equipe, o líder precisa passar do papel de supervisor para o de técnico de futebol. Este não precisa correr com a bola ou participar do jogo: só diz aos integrantes o que fazer quando eles perguntam ou se tem certeza de possuir o conhecimento e a experiência que a equipe não possui. Do mesmo modo, o líder faz com que a equipe desenvolva as habilidades de que precisa, tenha todo o equipamento e suprimento necessários, esteja preparada para competir eficazmente e continue motivada. Um líder não funciona como fonte de sabedoria, emitindo editais ou resolvendo os problemas da equipe à medida que surgem; ao contrário, faz a pergunta certa para instigar os integrantes a resolverem o problema. No lugar de tomar decisões, o líder facilita o processo.

> "Liderança é ação, e não posição."
>
> David H. McGannon

Características de um líder habilidoso

Quando a revista *Best Practice* conduziu uma pesquisa para saber como os integrantes de uma equipe identificam as qualidades que esperam em um líder, as três mais votadas foram honestidade, conhecimento do negócio e capacidade para antecipar mudanças.[2] Pesquisadores apontaram 12 características que um líder hábil deve ter para ser competente:

- **CONSISTENTEMENTE HONESTO:** Um líder hábil mostra coerência entre as palavras e as ações. Sincero e digno de confiança, o líder tem um comportamento honesto e positivo, demonstrando princípios por meio de ações. Líderes éticos geram seguidores éticos, assim, se for um líder de equipe, seja um modelo de como quer que os outros se comportem.
- **TÉCNICO EXPERIENTE:** Um líder hábil muitas vezes tem que resolver os mais difíceis problemas técnicos que o grupo precisa

---

[2] Eric Skopec e Dayle Smith. *The practical executive and team building*. Lincolnwood: NTC Publishing, 1997, p. 42.

encarar, como verificar por que um equipamento de um cliente não funciona. Os integrantes de equipe desenvolvem respeito pelas habilidades do líder quando este fica junto deles "nas trincheiras", participando das mesmas tarefas desempenhadas pelos outros integrantes.

- **INSPIRADOR:** Um líder hábil é visionário. Ele consegue pensar de modo inovador, antecipa mudanças e prepara a equipe para se adaptar a elas.
- **MOTIVADOR:** É quem alimenta o espírito de equipe ao comunicar o realizado à alta gerência e à própria equipe. Lembra os integrantes de que eles fazem parte de um grupo vencedor, enfatiza suas realizações (por exemplo, o fato de serem poucos os *bugs* no projeto do software, o trabalho transcorrer em um determinado número de dias sem nenhum acidente ou ficarem dentro do orçamento por três anos seguidos).
- **POPULAR:** Um bom líder emprega habilidades de aconselhamento. É um bom ouvinte e sabe manter um equilíbrio saudável entre as necessidades da equipe e as individuais. Ele sabe fortalecer a equipe na procura de oportunidades para os seus integrantes e encorajando-os a expandir seu repertório de habilidades.
- **REALISTA:** O líder hábil tem uma compreensão sólida das prioridades e não sobrecarrega a equipe com problemas demais. Não faz promessas idealísticas para outros grupos ou gerentes que o pressionam a respeito da equipe.
- **DISPOSTO A COMPARTILHAR O PODER:** O líder hábil compartilha a liderança, as responsabilidades e o crédito com sua equipe. Faz com que os integrantes colaborem na formulação e administração de procedimentos, e os envolve no processo de tomada de decisão.

- **Focado:** O líder hábil exibe comprometimento pessoal com os objetivos da equipe e não desvia os esforços do grupo com pautas políticas. Tem uma visão sobre o ponto ao qual a equipe está se dirigindo e permanece focado no quadro geral o tempo todo. O líder sabe que, ao oferecer à equipe o tipo de ajuda necessária, é o que fará a diferença entre o sucesso e o fracasso do grupo.
- **Justo e imparcial:** O líder hábil age objetivamente em relação aos integrantes da equipe, oferecendo somente críticas construtivas que promovam o desenvolvimento pessoal de cada membro do grupo. Como sabe que, quando todos dão *input*, todos se sentem respeitados, o líder promove a participação por igual na equipe.
- **Confiante:** O líder hábil permanece flexível e aberto a novas ideias e críticas dos integrantes da equipe. Depois de ouvir feedback negativo, diligentemente tenta melhorar e não fica aborrecido se for substituído por outro líder.
- **Calmo sob pressão:** O líder hábil permanece calmo e racional sob pressão. Se a decisão da equipe leva a resultados negativos, o líder encontra uma forma de aprender com a situação e não fica amargando o resultado.
- **Positivo:** O líder hábil elogia mais frequentemente do que critica e nunca se permite repreender o grupo. Quando necessário, repreende o funcionário em particular. Promove a coesão da equipe ao divulgar histórias que ilustram a cooperação existente no grupo.

"O chefe depende da autoridade; o líder, da boa vontade."

H. Gordon Selridge

Um verdadeiro líder desempenha o papel de mestre comunicador e educador, e não tenta controlar o grupo, mas sim facilitar seu funcionamento eficaz do seguinte modo:

- Assegura-se de que todos os participantes tenham consciência de suas responsabilidades e que são suficientemente desafiados, sem se sentirem oprimidos pelo trabalho.
- Encoraja os integrantes da equipe a contribuir com o melhor que podem tanto com o grupo quanto com a tarefa.
- Supervisiona a equipe a fim de garantir que cada indivíduo trabalhe em direção a um fim comum.
- Avalia o desempenho e determina premiações adequadas para que os integrantes continuem motivados.
- Reconhece, divulga e celebra os sucessos da equipe.
- Demonstra confiança nos integrantes da equipe e expressa crença na capacidade deles para resolver as questões e atingir seus objetivos.
- Mostra entusiasmo constante pelo projeto e pelas capacidades individuais de cada integrante da equipe.

Comportamento do líder de equipe em reunião

A maneira como o líder e os integrantes de sua equipe interagem em reuniões tem um impacto significativo na produtividade do grupo. Na maioria das equipes, o líder assume a responsabilidade de marcar a reunião preparando a ordem do dia, e verificando com os apresentadores se eles têm tudo de que precisam. Na reunião em si, o líder rapidamente revê a pauta, formula os comportamentos desejados (não permite que as conversas saiam "do trilho" e mantém uma mente aberta enquanto ouve), atrai a atenção de todos para a reunião e oferece *input* ao final da discussão. Se o líder expressar ideias antes que os outros tenham a oportunidade de falar, pode influenciar muito a equipe e, possivelmente, inibirá a criatividade. Para evitar isso, os japoneses estabeleceram uma prática em que o líder ouve em silêncio até que todos os integrantes tenham se manifestado, antes de expressar suas próprias opiniões.

"O chefe diz 'Eu'; o líder, 'Nós'."

H. Gordon Selridge

Como evitar ciúmes e competição entre os integrantes de equipe

Líderes bem-sucedidos jamais encorajam os trabalhadores a competir uns com os outros, pois isso pode levar a resultados desastrosos (tais como empregados que retêm informação e não ajudam os outros). Uma das melhores maneiras de evitar ciúmes é elogiar as realizações das pessoas, e não a pessoa em si. Dizer "Gostaria de dar os parabéns a Gabriela por ter feito um excelente trabalho ao negociar com o sindicato dos trabalhadores" é uma confirmação de um fato e melhor do que "Gabriela é uma das nossas integrantes mais valiosas".

Evite usar premiação quando somente uma pessoa ou uma subdivisão pequena da equipe pode ganhar. Elimine impulsos competitivos, estabeleça programas de reconhecimento em que qualquer pessoa que atinja ou ultrapasse o padrão obtenha reconhecimento, de modo que não haja limites ao número de indivíduos que podem recebê-lo.[3] Por exemplo, em Rochester, Nova

---

[3] Mary Albright e Clay Carr. *101 biggest mistakes managers make and how to avoid them*. Paramus: Prentice Hall, 1997, p. 64.

York, uma grande agência imobiliária publica em jornal local as fotografias de todos os corretores: "Vendedor de Um Milhão de Dólares." Cada corretor é elegível se vender o equivalente a um milhão de dólares em propriedades. Se uma organização tem um programa de premiação em que somente uma pessoa pode ganhar (por exemplo, O Funcionário do Trimestre, ou O Professor do Ano), um líder sábio faz com que a equipe decida quem receberá o prêmio.

"O chefe inspira medo; o líder, entusiasmo."

H. Gordon Selridge

Como motivar a equipe

Uma função primária do líder é motivar a equipe. Para inspirá-la com sucesso, o líder precisa acreditar no grupo; estabelecer expectativas claras em relação ao trabalho da equipe; e, em seguida, elogiar, reprimir e premiar aquelas expectativas. Muitas pessoas acreditam que dinheiro é o principal motivador humano; entretanto, pesquisas têm mostrado que a maioria das pessoas troca de emprego por motivos pessoais mais do que profissionais, provando que emoções é o fator mais significativo da motivação humana.[4] Entre as maneiras de se motivar uma equipe, estão *reconhecimento pessoal* e *sistemas de premiação*.

Reconhecimento pessoal por parte do supervisor ou dos colegas oferece um dos modos mais eficazes de motivar um funcionário. Praticamente todos gostam de receber elogios,

---

[4] Don Martin. *TeamThink: using the sports connection to develop, motivate, and manage a winning business team*. Nova York: Dutton, 1993, p. 86.

e, assim, um líder eficaz faz comentários do tipo: "Parecia impossível, mas eu sabia que você ia conseguir."

Sistemas de premiação são estabelecidos pelas organizações para motivar as equipes a melhorar o desempenho. Quando uma equipe atinge seus objetivos, premiação e reconhecimento reforçam o comportamento bem-sucedido e estabelecem um exemplo para as outras equipes; assim, premiação jamais deve ser dada imerecidamente a uma pessoa.

> "Não há nada melhor no mundo do que quando alguém na equipe faz algo de bom e todos se reúnem em volta para dar 'um tapinha nas costas'."
>
> Billy Martin

Premiação por um trabalho bem-feito

Incentivos funcionam melhor quando pelo menos 80% da premiação é distribuído igualmente por todos os integrantes da equipe ou se estes preferem distribuir *diferencialmente* entre si. Com frequência, os grupos decidem dar a maior parte da recompensa para o líder em reconhecimento por sua contribuição. Calcule as recompensas com cuidado, selecione os tipos mais adequados e lembre-se de que tanto todo o grupo *quanto* seus integrantes individualmente precisam receber recompensas.

Tipo de Recompensa[5]	Vantagens	Desvantagens
Dar um aumento: um aumento permanente no salário de cada integrante da equipe.	Pode diminuir a competição entre os colegas de equipe.	Nem sempre está diretamente relacionado ao desempenho da equipe.
Bonificação: uma importância adicional de dinheiro que reflita as economias financeiras resultantes dos esforços da equipe.	Um bom elemento motivador a longo prazo para melhorar os lucros da empresa. A equipe em si pode decidir como dividir a quantia entre os seus integrantes.	O integrante que receber a quantia menor pode ficar ressentido.
Compensação com base na habilidade: recompensa os funcionários por aquilo que sabem fazer. As pessoas têm um aumento de salário aprendendo novas habilidades em vez de ganhar mais por causa da antiguidade.	Encoraja treinamento interfuncional e promove mão de obra mais competente.	Pode ser difícil avaliar níveis de habilidades.
Participação no lucro: dividir uma determinada parte dos lucros entre os funcionários. Em 1993, os funcionários da Behlen Manufacturing receberam 20% dos lucros da empresa – aproximadamente, o equivalente a duas semanas de salário extra.	Aumenta o sentimento de que se pertence a uma equipe e a uma organização que trabalham em direção a um objetivo comum.	Mesmo que os funcionários deem o melhor de si, outros fatores (por exemplo, uma recessão) podem resultar em pouco ou nenhum lucro.

---

[5] Ibidem, p. 35.

TIPO DE RECOMPENSA	VANTAGENS	DESVANTAGENS
Divisão dos ganhos: os empregados recebem uma bonificação mensal de US$ 1 por hora se sua equipe atingir os objetivos de produção. Divisão dos ganhos é diferente de participação nos lucros, no sentido de que se baseia na produção, e não nos lucros.	Quando os funcionários veem um impacto positivo em seus ganhos, defeitos e desperdícios geralmente diminuem. O resultado é a melhora da produtividade e o aumento no comprometimento dos empregados.	Como não se baseia nos lucros, a empresa tem de pagar mesmo durante um período que não tenha lucros.
Ações de participação: dar aos integrantes da equipe ações da empresa.	A ideia de participação na empresa oferece um sentimento de comunidade que encoraja o espírito de equipe, dá aos funcionários uma garantia no futuro da empresa e preenche a lacuna entre o "nós e eles" que existe entre a administração e os funcionários.	Esse tipo está ligado mais diretamente ao desempenho da empresa do que ao desempenho de indivíduos, e o valor das ações depende do preço delas, o que pode ser relacionado mais à economia do que aos esforços da equipe.
Premiação por reconhecimento: premiação não monetária, mas desejável, variando desde vales-compras em diferentes lojas até tíquetes para passeios e festas de premiação.	Enfatiza a realização individual. Estudos têm mostrado que, quanto melhor a premiação, mais positiva a atmosfera da equipe.	A administração precisa tomar cuidado para não passar a ideia de que fazer um excelente trabalho é a exceção, e não o que é esperado.
Combinação de premiação: uma combinação de prêmios financeiros com reconhecimento.	A administração pode também combinar uma variedade de premiações para o grupo e individuais. Isso pode levar a equipe ao seu ponto mais alto, e cada integrante à eficiência máxima.	Pode levar mais tempo para implementar esse plano do que outros.

Liderança de equipe

PREMIAÇÃO INDIVIDUAL. Premiações individuais são essenciais para motivar funcionários, e sua inexistência pode fazer com que o trabalho da equipe vacile. Estudos têm revelado que os americanos muito frequentemente mostram resultados excelentes em equipes esportivas mais do que em empresas, pois uma pessoa pode receber reconhecimento por uma realização individual em equipes esportivas, o que não acontece pelo trabalho em equipe da maioria das empresas dos Estados Unidos.[6] Equipes esportivas oferecem reconhecimento a indivíduos ao mesmo tempo que oferecem oportunidades de ganhar com a equipe e, assim, efetivamente atingem suas necessidades – individual e coletiva. Os integrantes de uma equipe são indivíduos que precisam sempre ser tratados como tais.

"As necessidades da equipe são mais bem atingidas quando satisfazemos as necessidades individuais."

Max DePree

Idealmente, na formação de uma equipe, se discutirão possíveis premiações para o reconhecimento individual e se concordará com elas. Invariavelmente, algumas pessoas dirão que não precisam de reconhecimento individual, embora, com prazer, o darão a outras pessoas. Essa atitude é, de certo modo, comum, pois as pessoas acreditam que negar necessitarem de premiação individual é adequado e educado. Outros temem que, se indivíduos forem premiados, isso também carrega em si uma oportunidade para culpar outras pessoas quando certas coisas não dão

---

[6] Jeanne Plas. *Person-centered leadership: an american approach to participatory management.* Thousand Oaks: Sage Publications, 1996, p. 83.

certo. Ainda assim, pesquisas surpreendentemente demonstram a importância da premiação individual, e qualquer equipe que a evita assume riscos desnecessários.

Algumas premiações individuais eficazes para realizações importantes incluem folga remunerada, jantar para dois em um bom restaurante, ingressos para o cinema ou algum evento especial e presentes pessoais. Algumas premiações individuais eficazes para realizações menores incluem reconhecimento pessoal no jornal da empresa ou em uma reunião, ou mesmo itens menores, não muito caros, como mochilas para excursão, camisetas, canecas, equipamentos de praia, jaquetas e chaveiros podem ter um grande significado para a pessoa que os recebe. Recompense excelência oferecendo prêmios para os melhores; no entanto, não penalize as pessoas cujas ideias criativas levaram ao fracasso ou você poderá inibir a criatividade.

Recompensas coletivas. A utilização de incentivos coletivos ajuda a motivar as equipes. Recompensas coletivas precisam ser valorizadas, vistas como possíveis e concedidas imediatamente após os objetivos do grupo serem alcançados. Dê recompensas para *todos* os indivíduos por uma realização importante. Algumas gratificações eficazes incluem levar toda a equipe para almoçar em um bom restaurante ou convidar para uma pizza na casa de alguém, chamar todo o grupo para um passeio ou distribuir ingressos para um evento esportivo (como o jogo de um time importante), com folga remunerada para que todos possam assistir ao jogo juntos.

Para enfatizar a importância do trabalho em equipe, algumas organizações consideram o desempenho do grupo parte da avaliação do desempenho individual. Calcular o mérito ou a bonificação com base nos resultados da equipe tem provado ser um componente eficaz de compensação, mas somente se for bem planejado e implementado. A Strategy Implementation Inc., uma organização de consultoria administrativa, convenceu uma empresa a elevar o grau de comprometimento dos funcionários enfatizando a importância de atingir os objetivos. Eles dariam a cada integrante da equipe que alcançasse os dois objetivos estabelecidos uma bonificação como parte da quantia monetária determinada. Os integrantes da equipe que alcançassem somente um dos objetivos ganhariam um terço daquela porção, e aqueles que não alcançassem nenhum dos objetivos não ganhariam nada. Como resultado, nos nove meses seguintes, a taxa de erros da companhia caiu substancialmente, resultando em uma economia de US$ 18 milhões.

Pessoas que trabalham juntas, em equipes, produzem mais, sentem mais prazer em fazer o trabalho e tendem menos a desistir por motivos superficiais. Equipes desenvolvem um ambiente motivacional e atingem um *esprit de corps* que promove o sucesso. Como o trabalho de equipe oferece o potencial para impelir inovação, desenvolve funcionários altamente hábeis e comprometidos, e promove um desempenho maior em toda a empresa, equipes têm modificado o modo de trabalho na América. Agora que você se tornou um especialista em dinâmica de equipes também pode ajudar a revolucionar seu local de trabalho, como o fizeram na Chrisler, Deere & Company, Norwest Corporation, Eaton Corporation e em muitas outras empresas em todo o mundo.

RECAPITULAÇÃO DOS CONCEITOS-CHAVE

- Equipes autogerenciadas podem assumir responsabilidades gerenciais, como planejamento no longo prazo, estabelecimento de horários, obtenção de recursos e de um padrão de qualidade, avaliar produtividade, solucionar problemas, conduzem avaliações de desempenho e até contratam e despedem funcionários.

- Equipes autogerenciadas geralmente têm autonomia em todas as áreas, mas ainda requerem orientação de um líder.

- O papel do líder de uma equipe assemelha-se mais ao de um técnico de futebol do que ao de um supervisor tradicional. O líder facilita a tomada de decisões em vez de tomá-las.

- Um líder habilidoso possui muitas características essenciais, mas as três mais importantes são honestidade, conhecimento de administração e capacidade de antecipar e preparar a equipe para mudanças.

- Um líder precisa planejar reuniões, estabelecer a ordem do dia, manter a equipe centrada nos assuntos e solicitar a opinião de todos sem influenciar indevidamente o grupo.

- Uma das funções primárias do líder é motivar a equipe sem causar ciúmes ou competição entre os seus integrantes.

- A premiação dos funcionários pode incluir aumento salarial, bonificações, compensações com base nas habilidades, participação nos lucros, participação nos ganhos, ações da empresa, prêmios de reconhecimento e recompensas mistas.

- Premiações individuais motivam os funcionários, pois reconhecem as contribuições específicas para a equipe. Essas premiações incluem jantar a dois em um bom restaurante, ingressos para o cinema ou algum evento especial, reconhecimento publicado no jornal da empresa, placa comemorativa ou mesmo presentes não muito caros.

- Premiação coletiva ajuda os integrantes a ver a correlação direta entre os esforços do grupo e suas realizações e compensações. Exemplos de incentivos coletivos são: um almoço sofisticado para toda a equipe, um convite para pizza na casa de alguém, ingressos para um jogo importante com folga paga para que todos possam ir juntos, passeios em grupo ou pagamento por mérito com base nos resultados apresentados pela equipe.

Liderança de equipe

Estudos de casos

Você é um consultor de trabalho em equipes contratado para ajudar grupos difíceis. Sua primeira tarefa é sentar e observar o grupo, e como os integrantes interagem, o que é detalhado nos quatro estudos de caso a seguir. Em seguida, você terá de escrever suas recomendações profissionais salientando (1) as áreas em que a equipe precisa melhorar e (2) as ações específicas que a equipe precisa ter para melhorar.

Estudo de caso 1 – Reunião de uma equipe executiva

Uma pequena empresa on-line, em expansão, de serviços de pesquisa, teve uma reunião com a equipe executiva, um grupo de quatro pessoas composto de um especialista em software, um webmaster, um gerente de vendas e um contador. O objetivo da reunião foi discutir modos de atrair clientes novos. Começaram por realizar um *brainstorming* de opções. Finalmente ninguém tinha mais ideias, e o grupo ficou silencioso.

Katrina, a especialista em software, disse "Já terminamos?". Os outros deram de ombros.

Isaiah, o contador, disse "Olha, eu acho que todos nós sabemos o que precisamos fazer. Assim, vamos pesquisar nossas próprias ideias e trazer os resultados na próxima reunião". Os outros concordaram, e a reunião terminou.

As seguintes questões podem ajudá-lo a formular as suas recomendações:

1. Este grupo funciona como uma equipe? Como você sabe?

___

2. Qual é o verdadeiro problema?

___

3. O que deve ser feito para evitar que esse tipo de reunião se repita no futuro?

___

Estudo de caso 2 – Frustrações da equipe

"Matthew, por que sua equipe sempre consegue fazer tanta coisa? A minha tem dificuldade até em tomar decisões de menor importância. Parece que passamos nossos dias em reuniões que não levam a nada", disse Samantha suspirando.

"Sua equipe segue um procedimento de tomada de decisões?", perguntou Matthew.

"Lógico. Discutimos o problema e tentamos chegar a uma decisão. Acho que a dificuldade está em chegar a um consenso. Nunca chegamos a um acordo, pois todos têm de concordar. Sabemos o que devemos fazer e tentamos – mas é como se estivéssemos presos numa bicicleta estacionada que não vai a lugar algum", disse Samantha num tom desanimado.

"Mas a sua equipe só debate um problema e discute uma solução ou vocês seguem um processo passo a passo para chegar a uma decisão por consenso?", perguntou Matthew.

"Acho que deveríamos pegar uma moeda e jogar cara ou coroa. Consenso é muito bom na teoria, mas totalmente impraticável. Do jeito que as coisas estão acontecendo, quase não consigo fazer o que é preciso, pois passo todos os dias em reuniões não produtivas", respondeu Samantha num tom mal-humorado.

As questões seguintes podem ajudá-lo a formular suas recomendações:

1. Em qual fase você acha que a equipe de Samantha se encontra? Por quê?

___

2. Qual é o problema subjacente na equipe de Samantha?

___

3. O que pode ser feito para melhorar a situação?

___

Estudo de caso 3 – Uma regra de ouro que não funciona muito bem

"Como é que você acredita que isso pode funcionar? Nunca tinha ouvido falar de um plano tão bobo, Gina!", enfatizou Ben.

"Por que você está sempre contra mim?", perguntou Gina com raiva.

"Eu? É você que está sempre contra tudo o que eu digo!", respondeu Ben prontamente.

"Chega disso, vocês dois", interrompeu Selena. "Vamos nos acalmar e tentar resolver isso."

"Bom, não fui eu quem começou. Todas as vezes em que eu sugiro alguma coisa Gina se irrita. Seria melhor que eu ficasse calado. Daí ela não teria nada por que me atacar", disse Ben com raiva.

"Nós não temos, em algum lugar, algo escrito que diz que devemos tratar uns aos outros com respeito?", perguntou Selena.

"Quando formamos a equipe, nós discutimos a possibilidade de estabelecermos algumas orientações, mas nunca chegamos a escrever nada. Nós temos tido coisas demais para fazer para perder tempo escrevendo essas bobagens", disse Gina. E lançou um olhar furioso para Ben enquanto acrescentava: "Por que não seguimos simplesmente a regra de ouro [bíblica]? Ela cobre tudo."

As questões que seguem podem ajudá-lo a formular suas recomendações:

1. Qual é o problema dessa equipe?
___
___
___

2. O que pode ser feito para consertar o dano?
___
___
___

3. O que deve ser feito para impedir que problemas como esse ocorram no futuro?

_____
_____
_____

Estudo de caso 4 – Planejamento de férias dos integrantes da equipe

Rosita sorriu quando encontrou no corredor o líder de sua equipe de enfermagem, Kyle. "Sentimos sua falta na reunião", comentou. "Mas fizemos nosso planejamento de férias de verão", disse ainda. "Foi um planejamento bem-feito."

Surpreso com o que ela disse, Kyle respondeu: "Você quer dizer que já decidiram quem trabalhará cada sábado e domingo no feriado de 4 de julho e no Dia do Trabalhador?"

"Sim, como havíamos combinado que faríamos na nossa reunião de segunda-feira", respondeu Rosita.

Kyle respirou profundamente. "Bem, estou contente que o grupo trabalhou junto, mas eu não quero que tomem decisões importantes sem a minha aprovação. Pode ser que não tenha conhecimento de certas circunstâncias a serem consideradas e questões de antiguidade. Você tem o planejamento por escrito?", perguntou Kyle.

O sorriso morreu no rosto de Rosita. Ela fez que sim com a cabeça, sem dizer nada.

"Bom. Então, por favor, traga-o imediatamente para eu ver se há necessidade de fazer modificações", disse Kyle.

Alguns minutos depois, Rosita voltou com o planejamento de férias. Entregou-o a Kyle, preocupadamente, dizendo: "Aqui está o planejamento que você pediu." Em seguida, virou-se e saiu rapidamente.

As questões seguintes podem ajudá-lo a formular suas recomendações:

1. O que saiu errado?

_____
_____
_____

2. O que pode ser feito para consertar a situação?

_____
_____
_____

3. O que deveria ser feito, daí em diante, para evitar que um incidente desse tipo ocorra novamente?

_____
_____
_____

Pós-avaliação

Instruções: Se a afirmativa for verdadeira, circule o V à direita do número. Se for falsa, circule o F e explique por que a sentença é falsa. Se não tiver certeza sobre a frase, defenda também seu ponto de vista. A primeira já está feita:

1. V (F) Para se manter respeitado, o líder deve permanecer distante dos integrantes da equipe.

    O líder não pode permanecer distante; ele precisa trabalhar "nas trincheiras" junto com os outros membros do grupo. O líder ganha respeito se tiver conhecimento e se for eficaz.

2. V F Em equipes eficazes, cada integrante traz sua contribuição em todas as reuniões.

3. V F Um grupo de pessoas trabalhando juntas forma uma equipe.

4. V F O líder deve estabelecer os objetivos para a equipe e explicar como eles serão atingidos.

5. V F A equipe deve se responsabilizar por suas próprias decisões, ações e resultados, sendo estes positivos ou negativos.

6. V F Em vez de tomar as decisões, o líder deve facilitar esse processo.

7. V F Em equipes de alto desempenho, raramente ocorrem períodos de conflito.

8. V F Em equipes bem-sucedidas, cada integrante tem um papel claramente estabelecido.

9. V F Para que trabalhem eficientemente em conjunto, todos os integrantes da equipe precisam, obrigatoriamente, ter interesses, personalidades e habilidades semelhantes.

10. V F Equipes eficazes têm procedimentos adequados para resolver problemas e tomar decisões.

11. V F Quanto maior for o grupo, maior a possibilidade de coesão.

12. V F Em um grupo bem-sucedido, os colegas de equipe dão feedback construtivo uns aos outros.

13. V F As equipes devem se empenhar para atingir a condição conhecida como tendência à conformidade.

14. V F Em equipes eficazes, os integrantes tendem a concordar uns com os outros e raramente discordam entre si.

15. V F As equipes geralmente evoluem por meio de uma série de três fases.

16. V F Pode-se distinguir uma equipe de um grupo de pessoas que compartilham o mesmo local de trabalho pelo alto grau de comunicação aberta e a atitude geral do "nós" de seus integrantes.

17. V F Os integrantes da equipe devem ser premiados pelas realizações do grupo.

18. V F   Os integrantes da equipe não devem ser premiados por suas realizações individuais.

19. V F   Treinamento interfuncional oferece às pessoas oportunidades de aprendizagem direta das funções e responsabilidades de seus colegas de equipe.

20. V F   A formação de uma equipe ocorre por meio de uma série de atividades estruturadas especificamente para melhorar seu desempenho.

21. V F   Muitos estudos provam que o estabelecimento de objetivos é desnecessário para aprimorar a motivação e o desempenho da equipe.

22. V F   Consenso significa que os integrantes da equipe concordam unanimemente com a decisão.

23. V F   Ao transmitir feedback negativo a um integrante, faça-o em particular.

24. V F   A regra de ouro resume o código de conduta necessário para a equipe.

25. V F   Antes de fazer uma crítica negativa, o sensato é comentar previamente algo positivo que a pessoa tenha feito.

26. V F   Com o objetivo de melhorar a motivação e o desempenho, as organizações deveriam desenvolver programas em que os funcionários concorram a prêmios por reconhecimento.

Este livro foi impresso pela Yangraf Gráfica e Editora Ltda., em papel offset 70 g/m² no miolo e cartão 240 g/m² na capa, para as editoras Senac Rio de Janeiro e Cengage Learning, em dezembro de 2012.